SHEJIAO MEITI
YONGHU GANZHI JIAZHI YANJIU

社交媒体用户感知价值研究

张鸣民 著

中山大学出版社
·广州·

版权所有　翻印必究

图书在版编目（CIP）数据

社交媒体用户感知价值研究/张鸣民著. —广州：中山大学出版社，2022.12
ISBN 978 – 7 – 306 – 07643 – 4

Ⅰ.①社… Ⅱ.①张… Ⅲ.①互联网—媒体—研究 Ⅳ.①G206.2

中国版本图书馆 CIP 数据核字（2022）第 211978 号

出 版 人：	王天琪
策划编辑：	金继伟
责任编辑：	陈　霞
封面设计：	曾　斌
责任校对：	袁双艳
责任技编：	靳晓虹
出版发行：	中山大学出版社
电　　话：	编辑部 020 – 84110283，84113349，84111997，84110779，84110776
	发行部 020 – 84111998，84111981，84111160
地　　址：	广州市新港西路 135 号
邮　　编：	510275　　传　　真：020 – 84036565
网　　址：	http：//www.zsup.com.cn　E-mail：zdcbs@mail.sysu.edu.cn
印 刷 者：	佛山市浩文彩色印刷有限公司
规　　格：	787mm×1092mm　1/16　14.5 印张　230 千字
版次印次：	2022 年 12 月第 1 版　2022 年 12 月第 1 次印刷
定　　价：	48.00 元

如发现本书因印装质量影响阅读，请与出版社发行部联系调换

前　言

　　人类社会在相互交流中发展，各种交流方式拓展了人类的交际域，全球化、地球村……都因社交活动的介入而成为现实。人类社交的方式一直伴随其历史文明的发展而演进，从结绳记事、崖壁石画、口头语言到文字的出现，人类通过语言、文字相互沟通。人与人的信息交往在万余年的历史进程中都是靠语言文字等方式记录下来的。随着交往形态的多样化，在很长的一段时间内，书籍、信件、电话、电报等是人类交往的主流介质。随着科学技术的进步、网络时代的到来，电邮、QQ、MSN、微博、微信等社交媒体以不可阻挡之势迅速占据人类社交的半壁江山。毋庸置疑，社交媒体也因此成为媒介发展领域热门的研究方向。

　　网络的普及不断改变着人类的媒介消费习惯，从第一封电子邮件发送成功迄今已近半个世纪，接踵而来的是更为便利的以脸书、微博、微信为代表的各类社交媒体平台。而此前，电视媒体一直主导着媒介信息传播。沃尔特·麦克道尔（Walter McDowell）教授于2005年对电视媒体品牌进行了研究，讨论的核心问题是如何管理和保护电视媒体的品牌资产。本书涉及的社交媒体是以脸书、推特、微博、微信等为代表的一系列互联网公司的平台及产品，它们与传统媒体的差异在于：一是以社交为基本属性；二是以互联网为载体提供在线的媒介服务。目前，学界对社交媒体品牌的研究涉猎不多，社交媒体品牌在媒体品牌研究中出现较少。但是，随着越来越多的社交媒体平台在中国市场的出现，媒介使用者的消费选择、媒体经营者的营销传播策略，以及媒体品牌的价值增值将成为备受学界与业界关注的研究方向。

在媒介发展领域，目前关于社交媒体的研究均以受众为核心展开。本研究致力于阐明社交媒体发展这一交叉领域，将受众的感知价值作为对社交媒体研究的前置因素。本研究主要围绕两个方面的问题展开探讨和分析：①如何定义和量化媒体感知价值；②媒体感知价值如何影响社交媒体。

在营销管理领域里，感知价值主要是指顾客感知价值。它不同于媒体感知价值，因为顾客与企业的关系是以交易为基础的，而受众与媒介的关系不是单纯的交易关系，所以，社交媒体的受众不是传统意义上的顾客。因此，对社交媒体受众感知价值的研究具有一定的特殊性，本研究以此为研究起点展开讨论。在研究方法上，借用了西方学者对感知价值研究的定量研究的方法，利用 SPSS、Mplus 以及 Smart-PLS 等软件进行实证分析，并通过文献分析引入了品牌关系等变量进行模型构建。具体研究包括以下五个方面。

第一，本研究从理论层面阐述并实证检验了社交媒体环境下的感知价值。首先，通过文献分析法讨论传统领域以及互联网领域感知价值的分析原则及维度，初步得到受众的工具价值、个人交往价值、娱乐价值和情感价值四个维度；其次，通过访谈对以上四个维度进行文献分析，提炼和制作媒体感知价值量表；最后，对问卷数据进行探索性因子分析和验证性因子分析，以证实四个维度的可靠性，并以此夯实后续研究的基石。

第二，探究了媒体感知价值内部的结构关系。本研究通过分析媒体感知价值的相关研究模型发现，在媒体感知价值内部存在着较强的逻辑联系：①工具价值对娱乐价值有着较强的驱动作用；②个人交往价值对情感价值有着较强的驱动作用。而在品牌资产模型中，工具价值对情感价值有着较弱的影响。

第三，梳理了国内外学者对品牌资产和品牌关系的相关研究文献,厘清了媒体感知价值、品牌资产以及品牌关系三者之间的逻辑关系:①媒体感知价值的四个维度对品牌资产和品牌关系均有较强的解释作用;②娱乐价值在工具价值和品牌资产及品牌关系之间起到了中介作用;③情感价值在个人交往价值和品牌资产及品牌关系之间起到了中介作用。

第四,本研究还对娱乐价值即感知娱乐性维度的实践应用展开了讨论,对感知娱乐性在移动漫画阅读领域的作用进行了理论层面的分析。

第五,通过具体实践案例对上述结论作了阐释,并基于上述研究结论对未来的理论探索和研究进行分析和展望,以期为学界关于社交媒体品牌发展的相关研究提供相应参考。

目 录

第一章 绪论 … 1
 一、研究背景 … 1
  （一）实践背景 … 1
  （二）理论背景 … 4
 二、研究意义 … 10
  （一）理论意义 … 10
  （二）实践意义 … 11

第二章 文献回顾 … 13
 一、社交媒体的概念及形态的演进 … 13
  （一）社交媒体的概念 … 13
  （二）社交媒体的属性 … 16
  （三）社交媒体形态的演进 … 19
 二、媒体感知价值的概念及理论来源 … 24
  （一）顾客价值的理论来源 … 25
  （二）从顾客感知价值到媒体感知价值：传媒视阈下的使用与满足理论的贡献 … 31

第三章 媒体感知价值的理论分析 … 36
 一、媒体感知价值的一般性分析 … 36
  （一）维度初探 … 36
  （二）感知价值维度的"利得-利失模式" … 38

（三）感知价值维度的"分层模式" …………………… 39
　　　（四）感知价值维度的"平行模式" …………………… 40
　二、感知价值维度划分的原则界定 …………………………… 43
　三、互联网领域感知价值的维度 ……………………………… 46
　　　（一）网络购物环境下的感知价值 …………………… 47
　　　（二）网站使用与采纳环境下的感知价值 …………… 50
　四、社交媒体感知价值 ………………………………………… 51
　　　（一）工具价值 ………………………………………… 51
　　　（二）个人交往价值 …………………………………… 56
　　　（三）娱乐价值 ………………………………………… 61
　　　（四）情感价值 ………………………………………… 63

第四章　媒体感知价值的量表开发 ……………………………… 69
　一、媒体感知价值的量表初探 ………………………………… 69
　　　（一）初始维度收集 …………………………………… 72
　　　（二）访谈调查 ………………………………………… 73
　二、数据收集 …………………………………………………… 79
　三、数据分析 …………………………………………………… 81
　　　（一）信度检测 ………………………………………… 81
　　　（二）探索性因子分析 ………………………………… 81
　　　（三）验证性因子分析 ………………………………… 92

第五章　媒体感知价值对品牌资产的影响 ……………………… 95
　一、品牌资产的维度界定 ……………………………………… 95
　　　（一）品牌资产的概念 ………………………………… 96
　　　（二）品牌资产的维度 ………………………………… 98

二、媒体感知价值对品牌资产的影响及假设…………………… 108
　（一）媒体感知价值对品牌资产的直接影响…………………… 108
　（二）媒体感知价值维度间的关系分析及假设………………… 111
三、研究方法……………………………………………………… 113
　（一）量表设计…………………………………………………… 114
　（二）样本选择…………………………………………………… 114
　（三）数据收集…………………………………………………… 115
四、实证分析……………………………………………………… 116
　（一）模型分析介绍……………………………………………… 116
　（二）描述性统计………………………………………………… 116
　（三）数据信度检验……………………………………………… 119
　（四）数据效度检验……………………………………………… 120
　（五）模型验证…………………………………………………… 123
　（六）中介效应检验……………………………………………… 125

第六章　媒体感知价值对品牌关系的影响………………………… 128
一、模型构建与研究假设………………………………………… 128
　（一）品牌关系的作用…………………………………………… 128
　（二）媒体感知价值与品牌关系间的关系分析及假设
　　　　………………………………………………………………… 129
二、研究方法……………………………………………………… 135
　（一）量表设计…………………………………………………… 135
　（二）样本选择…………………………………………………… 137
　（三）数据收集…………………………………………………… 137
三、实证分析……………………………………………………… 138
　（一）描述性统计………………………………………………… 138
　（二）数据信度检验……………………………………………… 141

（三）数据效度检验 …………………………………… 142
（四）模型验证 ………………………………………… 145
（五）中介效应检验 …………………………………… 146

第七章 感知娱乐性的实践应用 ……………………………… 151
一、研究背景 ……………………………………………… 151
二、文献综述与研究假设 ………………………………… 153
（一）满意度理论的视角 ……………………………… 154
（二）信息系统成功理论的视角 ……………………… 159
三、研究方法 ……………………………………………… 161
（一）量表设计 ………………………………………… 161
（二）样本选择 ………………………………………… 164
（三）预调研 …………………………………………… 165
（四）数据收集与处理 ………………………………… 165
四、研究结果 ……………………………………………… 165
（一）样本的描述性统计分析 ………………………… 165
（二）验证性因子分析 ………………………………… 167
（三）路径分析 ………………………………………… 169
（四）中介效应检验 …………………………………… 171
五、讨论与展望 …………………………………………… 172

第八章 研究结论与相关讨论 ………………………………… 176
一、主要研究结论 ………………………………………… 176
（一）价值的维度是有层次且稳定的 ………………… 179
（二）价值是主观的 …………………………………… 180

二、研究结论对社交媒体实践案例的解释……………………… 180
　　（一）工具价值的窘境——为何没有独立的电子邮箱品牌
　　　　　…………………………………………………………… 181
　　（二）交往价值的商业化——新浪的华丽转身 ………… 183
　　（三）品牌关系的作用——支付触网构建体验式场景
　　　　　…………………………………………………………… 185
三、研究的局限性及展望 ……………………………………… 187
　　（一）研究的局限性 …………………………………… 187
　　（二）研究展望 ………………………………………… 187

参考文献 ……………………………………………………… 189

问卷一：社交媒体感知价值调查问卷 ……………………… 207

问卷二：社交媒体感知价值对品牌资产的作用机制研究调查问卷
　　　　………………………………………………………………… 212

问卷三：社交媒体感知价值对品牌关系的作用机制研究调查问卷
　　　　………………………………………………………………… 216

第一章 绪 论

一、研究背景

近10年来,媒介生态环境发生了巨大的变化,随着受众媒介消费习惯的改变,网络已成为人们接触的主要媒体,以电视、报纸为代表的传统媒体也纷纷加强与新媒体的融合,与此同时,社交媒体的快速发展打破了传统媒体的垄断地位,并以其独有的特点吸引了大量的用户。本研究即从受众对社交媒体所产生的媒体感知价值出发,讨论其对社交媒体品牌的影响。

(一)实践背景

自1971年电子邮件被发明以来,人类开启了网络交往的新篇章,人际交往的媒介形态开始"触网",网络逐渐成为人们生活中不可或缺的一部分。如同20世纪60年代后的电子媒介——电视、电台等风靡全球一样,如今,随着移动互联网的发展,人们的注意力从电视、电脑的大屏幕转移到智能手机、iPad的小屏幕,开启了随时随地上网的新时代。以至有人曾戏称,马斯洛有关人类需求的五个层次需要再加上一个最底层的需求:WiFi!人们不得不承认,受众的媒介消费习惯在近10年来已经悄然发生了巨变。

1. 网络普及率逐年提高

在我国,上网人数已经超过10亿,网络普及率超7成,其中,使用手机上网人数也已经超过了10亿,上网时长、无线网络覆盖率、使用手机上网比例等也在持续攀升,并且使用手机上网规模早在2013年已经超过了传统PC端。① 如图1-1所示,中国网民规模及互联网普及率呈逐年同步攀升趋势。网络已经渗透到民众生活的每一个环节,"互联网+",尤其是移动互联网早已成为热门词汇之一。

图1-1 中国网民规模及互联网普及率

资料来源:参见中国互联网信息中心(CNNIC)《第50次中国互联网络发展状况统计报告》,2022年。

2. 受众的媒介消费习惯在不断变化

在传媒市场,受众的媒介消费习惯正在发生着变化。中国市场与媒体研究中心的报告显示,在我国,数字媒介的消费比例从2012年的32%上升到2020年的84.5%,而传统媒介消费比例则逐年下降;同时,对数字媒介的广告需求也在逐步上升。② 根据普华永道(PWC)的报告,2019年,美国的互联网广告收入达到了1246亿美

---

① 参见中国互联网络信息中心(CNNIC)《第50次中国互联网络发展状况统计报告》,2022年。
② 参见远瞩咨询《2022年中国广告市场分析》,2022年。

元,同比增长了15.9%。人们对网络广告的兴趣远高于传统渠道广告。其中,移动互联网的广告收入达到了867亿美元,同比增长24%。此外,2019年,移动端广告收入占广告总收入的70%,高于2018年的65%。① 这些数据都在表明,不仅受众转移到了数字媒介,整个媒介产业也越来越呈现向移动数字市场转向的趋势。

3. 社交媒体的市场竞争不断加剧

随着推特、脸书等社交网站在美国先后推出,社交所引起的网络外部性激发了用户人群的爆发性增长,使得这些网站在短时期内迅速吸引了数以亿计的用户。截至2020年,在全球范围内,各类社交媒体用户总人数超过38亿,全球超过一半的人口在使用社交媒体。② 庞大用户群体偏好的转向给传统互联网企业带来了挑战,但同时也吸引了包括谷歌(Google)、微软(Microsoft)、雅虎(Yahoo)等在内的互联网巨头和其他创业者纷纷进入社交媒体领域。受海外社交媒体网站迅速发展的影响,2005年以后,国内也出现了大量的社交媒体网站,例如,开心网、校内网(2009年改名为人人网)、搜狐白社会,等等。国内最大的即时通讯软件腾讯QQ也在社交媒体发展热潮之下推出了QQ空间,以此融入社交元素;2009年新浪微博、2011年腾讯微信的出现更是加剧了社交媒体产业的竞争。据不完全统计,仅仅在我国,Apple Store中出现的社交类应用软件就高达近千种。这种对社交媒体的"逐热潮"使产品之间的竞争发展为品牌之间的较量,在完成了用户积累的基础上,如何推进品牌化发展、如何实现品牌商业化已成为每个社交媒体企业潜心探索的必由之路。

社交媒体通过产品迭代的方式逐步开启了自己的商业化道路。以微信为例,仅在2011年至2015年,发布的版本就达57个之多。在

---

① 参见普华永道(PWC),*Internet Advertising Revenue Report*,2020年。

② Simon Kemp. "Digital 2020:Global Digital Overview", January 30, 2020. (https://datareportal.com/reports/digital – 2020 – global – digital – overview?rq = digital% 2020 20% 20 global.)

这50多个版本中，产品的功能不断扩展，微信从最初的即时通讯软件，逐步迭代成为现在的集即时通讯、图片视频分享、网络金融、手机游戏、电商、线下支付等于一体的移动互联网平台。每一次版本升级都是腾讯在微信品牌化过程中的一次探索性尝试。自5.0版本推出以来，微信开始商业化：一方面，开通了微信支付，通过微信红包绑定了大量银行卡，完成了支付平台的搭建；另一方面，腾讯在资本市场投资了京东、滴滴打车，将微信平台扩展到用户线上和线下的各种场景中，其丰富的功能给微信品牌的树立和商业化发展带来了巨大的潜力。腾讯的举措获得了资本市场的认可，2014年，Interbrand对腾讯品牌价值的估值高达1500亿元，成为当时中国品牌价值最高的企业。

从长期的发展来看，互联网由于自身表现出的开放性、无时间地域限制、传播速度快、产品复制率高、交互能力强等特点，决定了未来社交媒体间的主要竞争是品牌的竞争。

（二）理论背景

感知价值是顾客在感知利得与感知利失之间的一种权衡，是顾客对企业所提供的产品或服务价值的主观感知。在传统营销领域里，企业通过顾客感知价值对购买动机进行识别，分析顾客的媒介接触行为并投放广告以期获得更大的市场收益。随着互联网的发展，媒介形态更加多元化，顾客的媒介接触行为变得更加复杂，尤其是社交媒体的兴起，使得企业难以通过传统的广告投放形式对市场进行扩张。业界和学界对社交媒体这一新兴媒介形态的关注度不断提高，如何将社交媒体感知价值应用于市场营销领域成为我们持续研究的问题。

1. 社交媒体品牌——媒体品牌研究中缺失的一环

1993年，米迪马克研究公司的总裁兼CEO戴维·本德（David Bend）在一场研讨会上的演讲中首次提出"将媒介作为一种品牌"。

至此，对媒介的品牌化研究进入传媒学术领域。① 20 多年来，人们开始意识到品牌已经成为媒介发展的重要一环，越来越多的传媒企业开始重视自身品牌的打造，同时，业界和学界对媒体品牌研究的成果日益丰富。

媒体品牌研究按研究范围分，主要包括对媒体品牌化、媒体品牌管理、媒体品牌战略、媒体品牌构建以及媒体品牌传播等方面的研究。麦克道尔（McDowell，1999）深入研究了美国电视媒体的品牌化过程，并将美国电视媒体的品牌化归结为市场竞争的结果。在 20 世纪 80 年代之前，美国的电视业被美国广播公司、哥伦比亚广播公司和美国国家广播公司所垄断。而进入 20 世纪 80 年代之后，福克斯电视依靠年轻人收视群体，跻入电视行业的竞争中，成为"第一个在美国观众心中具有象征性意义的电视品牌"②。陈－奥姆斯泰德和金（Chan-Olmstead & Kim，2001）通过问卷调查，讨论了电视台经营领域管理者对电视品牌化的理解问题，③ 同时还研究了美国电视网在互联网时代的多样化及品牌竞争、电视品牌延伸等一系列问题。金（Kim，2003）研究了不同的传播策略对消费者品牌认知的影响。我国学者吕尚彬等人（2009，2014）用社会转型理论描述了报业的发展变化，讨论了中国报业的市场化转型，以及组织结构创新路径等问题，同时认为，报业市场化转型的过程也是我国报业品牌化发展的过程。④⑤ 陈兵（2005）提出了电视品牌的构建方法。⑥ 宋祖华（2005）

---

① ［美］阿兰·B. 阿尔瓦兰编著：《传媒经济与管理学导论》，崔保国、杭敏、徐佳译，清华大学出版社 2010 年版。

② ［美］沃尔特·麦克道尔、艾伦·巴滕：《塑造电视品牌——原则与实践》，中国传媒大学出版社 2006 年版。

③ Chan-Olmsted S M, Kim Y. "Perceptions of Branding among Television Station Managers: An Exploratory Analysis", *Journal of Broadcasting & Electronic Media*, 45, no.1 (2001).

④ 罗以澄、吕尚彬：《民本化、产业化、数字化、国际化：我国传媒发展的四大战略走向》，载《新闻传播》2009 年第 8 期，第 7 - 10 页。

⑤ 陈薇、吕尚彬：《媒介融合背景下中国报业组织结构的创新路径》，载《当代传播》2014 年第 4 期，第 59 - 61 页。

⑥ 陈兵：《文化与商业困境中的电视品牌建构》（学位论文），浙江大学（2005 年）。

以东方卫视为例，分析了媒体品牌战略，包括了定位、延伸、推广和重振等方面。① 余明阳和舒咏平（2002）提出了品牌传播的概念并归纳了品牌传播的特点。② 薛可和余明阳（2007）对媒体品牌竞争力做了深入研究，建立了竞争力评估的模型。③

媒体品牌研究按研究方法分，主要包括个案研究、调查研究、内容分析等。陈-奥姆斯泰德和查（Chan-Olmsted & Cha, 2007）在品牌个性量表的基础上，通过对美国电视媒体行业的分析，构建了电视媒体的品牌个性维度。④ 我国学者刘超、喻国明（2013）以《南方都市报》为例，在前面研究的基础上，通过问卷调研的方法，探索了中国报纸品牌个性的新维度。⑤ 黄合水和彭聃龄（2001）研究了广告与品牌的关系，讨论了品牌资产、品牌联想等品牌化的问题。⑥ 薛可和余明阳（2006）从受众心理的角度对媒体品牌展开研究，利用品牌生命体的观点来阐释品牌延伸。⑦ 支庭荣（2006）通过对双因素评价模型的研究提出了电视品牌资产价值评估公式。⑧ 黄合水和蓝燕玲（2010）讨论了媒体品牌资产对其他与媒介经营相关的活动的作用

---

① 宋祖华：《媒介品牌战略研究》（学位论文），复旦大学（2005年）。
② 余明阳、舒咏平：《论"品牌传播"》，载《国际新闻界》2002年第3期，第63-68页。
③ 薛可、余明阳：《媒体品牌竞争力评估的理论模型》，载《新闻大学》2007年第3期，第135-139页。
④ Chan-Olmsted S M, Cha J. "Branding Television News in a Multichannel Environment: An Exploratory Study of Network News Brand Personality", *International Journal on Media Management*, 9, no.4 (2007).
⑤ 刘超、喻国明：《媒体品牌个性的实证研究——以〈南方都市报〉为例》，载《东岳论丛》2013年第5期，第119-124页。
⑥ 黄合水、彭聃龄：《关于品牌资产的一种认知观点》，载《中国心理学会第九届全国心理学学术会议文摘选集》2001年，第2页。
⑦ 薛可、余明阳：《谈媒体品牌的延伸模式》，载《国际新闻界》2006年第7期，第64-68页。
⑧ 支庭荣：《电视媒体品牌价值的评估方法及其改进》，载《中国广播电视学刊》2006年第7期，第20-21页。

机制。①

一般来说，对媒体品牌的研究对象主要集中在报纸、广播、电视、电台等传统媒介领域，对网络媒体尤其是社交媒体品牌的研究相对缺乏。尤其是传播学学者的研究集中在品牌管理和品牌诊断方面，而对品牌相关概念的测量及维度等的实证研究比较少。

综上所述，传媒领域对品牌资产的实证研究较少，但是在营销管理领域，学界和业界对媒体品牌尤其是网络媒体品牌的研究日益丰富。佩吉和勒帕斯基-怀特（Page & Lepkowskya-White，2002）首次提出了网站品牌资产的概念并提出了相关模型。② 我国学者崔磊（2012）从消费行为的角度出发研究了购物网站品牌。③ 潘广峰（2013）以互联网特征为研究起点，采用定性及定量研究制定了相应的维度量表，并详细阐释了网站特征对品牌忠诚的作用机制，研究发现网站特征维度作为网络顾客价值的前置因素影响着购物网站的品牌忠诚。④ 李存超（2014）对当时蓬勃发展的电子商务平台服务质量进行了实证研究，认为我国的电商网站品牌资产受到服务质量四个维度的间接影响。⑤ 以上绝大多数文献都只讨论如何利用社交媒体去打造企业或组织的品牌，以及社交媒体在品牌传播上的作用机制。而本研究将从受众的视角来讨论受众的媒体感知价值对社交媒体品牌资产和品牌关系的作用机制，力图从理论上厘清社交媒体的媒体感知价值和品牌的关系。

---

① 黄合水、蓝燕玲：《媒体品牌资产的作用机制》，载《厦门大学学报（哲学社会科学版）》2010年第2期，第66-71页。

② Page C, Lepkowska-White E. "Web Equity: A Framework for Building Consumer Value in Online Companies", *Journal of Consumer Marketing*, 19, no. 3 (2002).

③ 崔磊：《购物网站品牌建构中的顾客在线行为研究》（学位论文），华中科技大学（2012年）。

④ 潘广锋：《网站特征对互联网品牌忠诚的影响机理研究》（学位论文），山东大学（2013年）。

⑤ 李存超：《电子商务平台服务质量对品牌资产的影响机理研究》（学位论文），山东大学（2014年）。

2. 以受众为核心——社交媒体品牌研究的视角

对于媒体品牌资产的研究，我们需要看到媒介的特殊性，即传媒市场是一个多边市场：广告主—受众—媒体企业。媒体企业的收入曾经主要来自广告收益，在如今的网络时代，以社交媒体为代表的新媒体企业不完全以广告收益作为自身收入的来源，而是拓展了更多的收入渠道。

进入网络媒介时代，"网民""网络受众""网络用户"这些新生词汇在媒界专业研究领域和社会生活领域并不会被特别加以区分。甚至有学者认为媒介正在从"受众时代"走向"用户时代"。从这个意义上说，被动接受信息的受众随之转变成为主动消费信息的用户，其既是信息的主动接收者，也是信息的消费者。社交媒体品牌的研究从针对受众到针对用户，同样的个体，在网络中的角色和地位不同，对媒体品牌的影响也就不同。人们既不能以普通消费者的角度去看待受众，也不能以普通受众的角度去定义他们。传媒领域的特殊性造就了受众的特殊性，同时，关于品牌的驱动因素也需要从受众的感知价值角度去研究。

受众是传播学的概念，而用户（顾客）多被用于营销领域，是产品或服务的使用方。学界对受众的认识经历了从被动接受到主动选择的过程。以"魔弹论"为代表的早期传播学界理论认为受众只能"单向度"地接受信息，而后来的实证研究表明，受众并未被媒介所击倒，学界开始承认受众的主观能动性，即受众对媒介的选择性。20世纪70年代，美国学者卡茨（Katz，1973）等提出使用与满足理论（Uses and Gratifications），即受众使用媒介来满足自己的社会及心理需要，认为受众在传播过程中主动对传播内容作出选择，引发了对媒介的期望，最后得到满足。[1] 我国学者胡翼青（2003）通过对网络中的使用与满足现象进行研究指出，受众参与网络的行为能够满足自身

---

[1] Katz E, Blumler J G, Gurevitch M. "Uses and Gratifications Research", *Public Opinion Quarterly*, 37, no.4 (1973): 509–523.

的社会和心理需求，包括对信息的需要、情绪的释放、情感的交流以及闲暇时间的消磨，等等，① 这些需求都能在网络上获得满足。

在传媒领域，大多数媒体企业一直以来秉承着以受众为核心的经营理念；在营销领域，基于顾客的品牌资产的营销观念深入人心。受众理所当然成为研究社交媒体品牌的核心要素。本研究即着眼于从受众的视角去讨论感知价值的内涵与维度，力图探究媒体感知价值如何影响着社交媒体的品牌。泽斯曼（Zeithaml，1988）首先提出了顾客感知价值的概念，认为"顾客感知价值是顾客对其接受的服务或产品效用的总体评价，这种评价是基于对感知到的利益与付出的成本间的综合权衡"②。具体言之，有学者认为感知价值是产品的感知质量的利得与付出价格的利失之间的权衡。我国学者董大海等（1999）从效用与成本的角度将顾客感知价值定义为顾客在消费环节中的感知效用与成本支出之差。③ 总之，虽然学者对顾客感知价值的表述各不相同，但均采纳了泽斯曼的学术观点。

在营销领域，顾客的感知价值对品牌相关概念的测度和衡量具有十分重要的意义。部分学者认为顾客的感知价值会对品牌产生直接的影响，还有部分学者认为感知价值通过品牌关系（品牌满意、品牌信任等）间接作用于品牌资产。无论哪一种作用方式，都可以清楚地体现顾客的感知价值是品牌的驱动因素之一。但是在对顾客感知价值的维度的研究上，各学者的看法差异比较大，一般来说，分成两类不同的观点：一类是将感知价值分为感知利得和感知利失两个类别并分别讨论其维度。感知利得既包括从产品或服务的使用价值中衍生出来的价值，还包括取得产品或服务时所获得的形象、地位等方面的价值，而感知利失则包括顾客所付出的金钱、时间、个人精力等。另一

---

① 胡翼青：《论网际空间的"使用－满足理论"》，载《江苏社会科学》2003年第6期，第204－208页。

② Zeithaml V A. "Consumer Perceptions of Price, Quality, and Value: a Means-end Model and Synthesis of Evidence", *The Journal of Marketing*, 52, no.3 (1988): 2–22.

③ 董大海、权小妍、曲晓飞：《顾客价值及其构成》，载《大连理工大学学报（社会科学版）》1999年第4期，第18－20页。

类是将感知价值作为一个整体并讨论其维度。我国学者查金祥（2006）对感知价值的维度划分作了梳理，认为感知价值维度的划分经历了从二分法向三分法的转变，绝大多数感知价值都能够划分为功能、程序和社会性价值三类。[①] 感知价值维度的不同划分方法直接影响着对品牌资产作用机制的讨论。

从信息管理学的角度，文卡特希等人（Venkatesh et al., 2003）从创新扩散、社会认知心理等理论研究出发，总结了技术接受模型（Technology Acceptance Model，TAM）的相关研究，针对"影响使用者认知因素"的问题，提出了整合科技与采纳理论（Unified Theory of Acceptance and Use of Technology，UTAUT）。该理论详尽分析了用户对新技术的使用意愿，并提出了绩效期望（Performance Expectancy，PE）、付出期望（Effort Expectancy，EE）、社群影响（Social Influence，SI）、促成因素（Facilitating Conditions，FC）四个核心维度。[②] 该模型对感知价值的研究有着重要的意义。在本研究中，我们将以社交媒体受众的特性作为研究起点，制定合适的媒体感知价值维度量表。

二、研究意义

（一）理论意义

1. 在媒介发展领域，补充了媒介与受众之间的关系理论

在媒介发展的过程中，受众越来越处于核心的地位。尤其在社交

---

① 查金祥：《B2C电子商务顾客价值与顾客忠诚度的关系研究》（学位论文），浙江大学（2006年）。
② Venkatesh V, Morris M G, Davis G B, et al. "User Acceptance of Information Technology: Toward a Unified View", *MIS Quarterly*, 27, no.3, (2003).

媒体出现之后，受众与媒介之间的互动性完全改变了过去"单向度"的传播模式。

媒介与受众之间的关系问题是本研究的核心。本研究引入了媒体感知价值的概念作为讨论媒介和受众之间因果联系的重要指标，并制定了媒体感知价值量表，将受众以量化其感知价值形式的方式对以使用与满足为代表的媒介与受众的关系理论作了较好的补充。

2. 拓展了媒体品牌学的研究范围

在20世纪80年代开始兴起的媒体品牌学的研究，其范围集中于报纸、电视等传统媒介领域，以陈-奥姆斯泰德等为代表的美国学者从20世纪末开始逐步将研究视野从对电视品牌的研究扩展到互联网领域。在中国，上海交通大学的余明阳和薛可教授[1]、厦门大学的黄合水教授[2]、浙江传媒学院的陈兵教授[3]等曾经对媒体品牌的内容作了详尽的阐释。

本研究在传统媒体品牌和互联网媒体品牌的研究基础上进一步聚焦社交媒体领域，将营销管理中的品牌研究方法应用于社交媒体品牌研究，意在证明媒体品牌和受众之间的关系尤其是以受众为核心的理念在社交媒体品牌中的重要地位。

（二）实践意义

1. 为社交媒体企业坚持以受众为核心的品牌建设提供了理论依据

在市场经济环境下，作为市场主体的社交媒体企业秉持以用户为

---

[1] 余明阳、薛可：《媒体品牌》，上海交通大学出版社2009年版。
[2] 黄合水、雷莉：《品牌与广告的实证研究》，北京大学出版社2006年版。
[3] 陈兵：《媒体品牌论——基于文化与商业契合的核心竞争力培育》，中国传媒大学出版社2008年版。

核心的理念，具体阐释以受众为核心，把握受众对企业的品牌建设更有利的方面是本研究的积极意义之一。本研究将媒体感知价值分为四个维度，社交媒体企业为提升自身品牌价值，需要从这些方面入手，将有限的资源配置合理化。媒体感知价值量表是企业对用户进行分析的重要理论工具。

2. 为社交媒体品牌战略的实践提供指导

为何有的企业能够在激烈的市场竞争中屹立不倒且长期发展下去，而有的企业却无法在新时期的网络环境的竞争中生存？实施品牌战略是传媒企业自身发展使然，在互联网时代，企业间的战略竞争不再完全是成本上的竞争，价格、资源禀赋等不再制约着企业的发展，甚至大量互联网企业在很长一段时间内处于非盈利的状态却仍然获得了市场的高估值，主要原因是像脸书这样的互联网企业从诞生起就将用户价值体现在所设计的平台中，用户能够从其社交媒体平台中获得情感、沟通、娱乐以及生活便利性等各种感知价值，这些非价格因素使得企业的品牌价值和市场估值得到了极大的提升。本研究对媒体感知价值和品牌的关系进行了量化研究，为企业从受众视角进行品牌战略规划提供了指导。

第二章 文献回顾

一、社交媒体的概念及形态的演进

(一) 社交媒体的概念

"社交媒体"是目前世界上最热门的词汇之一。2010年上映的电影《社交网络》是以脸书创始团队的成功经历为原型,讲述了两个电脑极客在网络时代致富的创业历程,该片甚至获得了2011年金球奖的最佳改编剧本。脸书不仅是用户展示自我、建立朋友联系的社交应用软件,更是作为一种新媒体呈现在媒介产业中。但是,学界对社交媒体(Social Media)的概念界定却较为模糊,大多数关于社交媒体的概念界定都是通过当下最流行的网络应用程序(internet-based applications)来进行描述性定义的。一般认为,类似于优兔(YouTube)、脸书、推特、领英(LinkedIn)以及照片墙(Instagram)等的应用程序都是社交媒体的概念范畴。

从社交媒体的受众与媒体之间的关系看,社交媒体的发展是一种革命性的趋势,其概念源自 Web 2.0 技术以及用户自主生产内容(user generated content)。Web 1.0 模式局限于在线创造和发布内容,它限制了对特定个人的创建和发布内容的控制,Web 2.0 则扩大了对万维网的所有用户进行控制的能力。社交媒体在传播方式和内容生产上有别于传统媒体,它是基于网络中人们对交往的需求,通过六度分隔理论在网络时代所产生的聚合效应的结果。因此,有学者强调社交媒体的"互动性",打破了"传者"和"受者"之间的界限,这样就模糊了媒介与受众之间的基本定义。陈力丹和史一棋（2014）认为，在传统媒体时代，传统媒体在受众与媒体的关系中占据着主导地位，受众只能被动接受媒体所发布的新闻资讯，媒体通过策划新闻或栏目最大程度上吸引受众的注意力。① 而在新媒体时代，伴随着自媒体等新的媒体形式的出现，媒体与用户的地位发生了反转，受众变成信息接受与传播的用户，不再被动地接受媒体所发布的信息，不再人云亦云，而是更主动地去评论、传播自己感兴趣的资讯。这里的新闻不再是"大家新闻"，而成了"个人新闻"，资讯更加私人化。

从社交媒体的传播内容看，万维网创造出了一个全新的在线社会环境。乌泽拉克（Uzelac，2011）将社交媒体视为创造了"一个给予-攫取的环境"，因为在传媒领域，用户是建立在基于内容免费的交换行为之下的。② 让媒介与受众能够免费且平等地参与到同一个舆论场中，共同分享、反馈和评论信息，这与传统媒介所面临的情况正好相反；让用户摆脱了订阅传统媒体的经济束缚，能够在网络平台上免费攫取所需信息，对媒体经营者而言也要努力适应这一新环境。自"报网融合"的概念被提出以来，我国各大传统媒体纷纷在社交平台上开设账号。黄楚新和王诗雨（2013）总结了《人民日报》开通官方微博的几大优势：线上线下交流平等，风格互补，资源综合利用。③

从社交媒体的传播技术看，维基百科（Wikipedia）将社交媒体的概念总结为"它是一种由计算机技术所主导的多媒体工具，允许人们在虚拟社区和网络环境下进行创造，分享和交换信息、思想、图片以及视频等"④。卡普兰和海因（Kaplan & Haenlein，2010）则更

---

① 陈力丹、史一棋：《重构媒体与用户关系——国际媒体同行的互联网思维经验》，载《新闻界》2014 年第 24 期，第 75 - 80 页。
② Uzelac E. "Mastering Social Media", *Research*, 34, no. 8 (2011)：44 - 47.
③ 黄楚新、王诗雨：《社会化媒体环境下党报与微博的互动——基于〈人民日报〉新浪微博的观察》，载《中国青年政治学院学报》2013 年第 4 期，第 114 - 118 页。
④ Obar J A, Wildman S. "Social Media Definition and the Governance Challenge：An Introduction to the Special Issue", *Telecommunications Policy*, 39, no. 9 (2015)：745 - 750.

进一步阐释了社交媒体是建立在 Web 2.0 的基础之上并且基于用户生产和创造内容进行信息交换的网络应用程序。① 布莱克肖和纳扎罗（Blackshaw & Nazzaro, 2006）从营销的视角将社交媒体理解为"一个多样化的、新兴的，由消费者创造、培育和使用的在线信息源，这些信息源的信息是为了对产品、品牌、服务个性等进行教育"②。保罗·莱文森（Paul Levinson）则开创性地将媒介区分为新旧媒介以及新新媒介③，认为书籍是历史最悠久的社交媒体，新新媒介是可以由个人独立完成实践过程的媒介，使得消费者成为生产者，这是新新媒介有别于旧媒介的重要特征，并认为推特、优兔、聚友等网站代表了新新媒介。

从社交媒体的特征研究看，博伊德和埃里森（Boyd & Ellison, 2007）认为社交媒体需要满足以下三个条件：①让个体在一个封闭的系统中（比如局域网）构建一个公开或者半公开的个人形象；②让个体建立一个能够与其他用户联系的列表；③让个体能够浏览他们的链接并且在系统内和其他用户建立联系。④ 杜塔（Dutta, 2010）利用 Web 2.0 的技术背景，将社交媒体的核心特征概括为以下六个方面：全球化、开放、透明、无等级、交互性以及实时性。⑤ 杰茨曼等人（Kietzmann et al., 2011）认为在移动互联网技术的推动下，用户之间的分享、协作、讨论等对信息内容的生产和创造让社交媒体成为一个高度交互式的平台，并且从七个方面去理解社交媒体的含义。他们通过以下七个功能性模块组成的蜂巢模型（The Honeycomb of Social Media）去定义社交媒体，分析了包括自我（identity）、交流

---

① Kaplan A M, Haenlein M. "Users of the World, Unite! The Challenges and Opportunities of Social Media", *Business Horizons*, 53, no.1 (2010): 59–68.

② Blackshaw P, Nazzaro M. "Consumer-Generated Media (CGM) 101 Word-of-Mouth in the Age of the Web-Fortified Consumer", *Nielsen BuzzMetrics White Paper*, (2006): 1–13.

③ ［美］保罗·莱文森：《新新媒介》，何道宽译，复旦大学出版社2013年版。

④ Boyd D M, Ellison N B. "Social Network Sites: Definition, History, and Scholarship," *Journal of Computer-Mediated Communication*, 13, no.1 (2007): 210–230.

⑤ Dutta S. "What's Your Personal Social Media Strategy?", *Harvard Business Review*, 88, no.11 (2010): 161.

(conversations)、分享（sharing）、呈现（presence）、关系（relationships）、名誉（reputation）以及群体（groups）在内的七个方面的具体含义；同时对不同的社交媒体品牌如领英、四方网（Foursquare）、优兔、脸书在这七个方面的表现进行了对比，例如，优兔更强调分享，脸书侧重于对社交关系的维护，领英更重视用户展示自我，四方网强调用户社交的商业价值。这对我们理解社交媒体以及社交媒体品牌的内涵有着重要的意义。①

基于对上述概念和特征的界定，本研究将社交媒体定义为建立在 Web 2.0 基础之上的能够自行生产内容并在终端设备上进行信息交流、分享的网络平台。它让受众可以随时随地接受资讯、传播资讯和分享资讯，满足了受众对交往的心理诉求，让参与其中的受众获得了极大的满足感。这一概念所涉及的是社交媒体的共性，同时我们也能看到，不同社交媒体所呈现出来的特征是不一样的，这些特性能够更恰当地反映不同社交媒体之间的品牌差异。

（二）社交媒体的属性

社交媒体的属性包含两个方面内容：①社交媒体的交往属性，其意义是使社交媒体成为人际沟通产业化的起点；②社交媒体的媒体属性，其意义是强化了社交媒体的双向传播特性并使之成为媒体中的媒体。社交媒体是在人际交往中产生的，莱文森甚至认为在不同的历史背景下社交媒体的存在形式也有不同。不过，一般认为，在万维网产生后，人类交往形态的更新达到了顶峰，基于网络技术的社交媒体形态被固化，并逐渐被人们所接受，交往成为社交媒体的基本属性之一。同时，在现代社会中，社交媒体还承担着舆论监督、教育等媒体职能，成为一种特殊的媒介形态，其媒体属性的意义不仅仅表现在其

---

① Kietzmann J H, Hermkens K, McCarthy L P, et al. "Social Media? Get Serious! Understanding the Functional Building Blocks of Social Media", *Business Horizons Bloomington*, 54, no. 3 (2011): 241-251.

所构建的公共舆论场,更是弥补了传统媒体在双向传播上的短板,甚至使得大量传统媒体在其平台发声并与受众互动,构筑了一个完整的媒介生态系统。由此,社交媒体成为媒体中的媒体。

1. 交往属性——社交媒体成为人际沟通产业化的起点

在人类传播的发展史中,交往有着不可或缺的重要意义。在过去的媒介演化过程中,张冠文(2013)认为人类信息的传播和保存受到交往时空的支配性影响。[①] 在这样的信息传播原则下,各类媒介应运而生,每一次媒介技术的变革带来的都是人类传播时空的拓展,人类交往的时间和空间随着媒介技术的不断变化而作出改变。万维网时代,社交媒体作为一种新的网络应用,成为人们在线交往的场所,交往的时间和空间形成了统一,这种统一使人类的信息传播方式发生了巨大变化。人类可以随时随地进行在线交流和信息分享,并能够在日后随时调取交流的信息文本。此时,传统的通信、邮递以及书籍等都成了莱文森所定义的旧媒介。

更重要的是,这一改变所带来的是人际沟通产业的革命。在社交媒体出现之前,人际交流以口头交流和书写为主,语言和文字的保存成本异常高,由战争或者火灾等因素导致的书籍流失率也相当高。例如,我国古代的焚书坑儒、五胡乱华、靖康之难,古希腊的亚历山大图书馆被焚毁等事件导致了大量的古籍被毁坏,以致人类历史长河中的一段文明史被湮灭。

从产业角度看待人际交往所产生的社交媒体这一媒介形态,网络的发展让信息存储和传播的边际成本降至"零"。在过去,人类语言和文字的保存耗费了大量的纸张和人力成本。例如,在中国古代,只有皇帝才有起居郎专门负责在其身边记录其言行,这是一种成本极高的语言和文字存储方式。而如今,由于网络技术的发展,人们可以在线存储语音、文字、图片、视频等信息,也可以随时调取过去的记录

---

① 张冠文:《互联网交往形态的演化——媒介环境学的技术文化史视角》(学位论文),山东大学(2013年)。

并保存到硬盘等存储设备中。社交媒体作为一种在线工具，让人际沟通成了一种产业。所以，与其说是交往成就了社交媒体，不如说是社交媒体使交往成了人际沟通产业化的起点。

人们是首先有交往意愿，然后再有交往行动的。交往本身是人类的一种本能反应，将其产业化是在互联网时代才真正开始的。所以，在网络时代之前，人类交往还算不上是一种商业，当然也就谈不上能够成为一种资产。

2. 媒体属性——社交媒体实现了双向传播并成为媒体中的媒体

社交媒体是一种完全电子化的媒介，它是人类交往行为与网络科技的混合体。其媒体属性体现在以下两个方面。

一是社交媒体具有双向传播特性。社交媒体拥有内容自主生产和创造的内核，能够生产和传递信息，这与之前工业时代电子化媒介和印刷媒介有极大的不同。工业时代的媒介拥有强大的新闻生产资源，包括新闻采编人员、通信设备、印刷设备、维持新闻机构运作的强大的资金支持等，而社交媒体多以自媒体形式出现，在资金投入、人力资源投入上比传统媒体要少得多。但两者最大的不同是传播方式，前者是"单向度"的传播，后者则是媒介与受众的双向传播。

二是社交媒体已经成为媒体中的媒体。《纽约时报》在2009年已开始使用社交媒体编辑。[1] 在我国，伴随着微信公众号的出现，越来越多的工业时代的传统媒体开始在开通微信公众号和微博账号。这一现象表明，传统媒体显然已经看到了社交媒体对受众的强大号召力，面对竞争日益激烈的传统媒介市场，开始开拓内容传播渠道，这反映出社交媒体已经渗透到整个媒介工业链中，从根本上改变了传统媒介产业的新闻生产和传播渠道。

---

[1] Nolan H. "Social Media Editor' Playing Out Exactly as Suspected", *New York Times*, (http://gawker.com/5270593/new-york-timessocial-media-editor-playing-out-exactly-as-suspected), 2009 – 05 – 26.

（三）社交媒体形态的演进

互联网的诞生将人类带入了信息时代，中国互联网用户也经历了从信息匮乏到信息爆炸的过程。20 世纪 90 年代初，社交媒体电子布告栏（Bulletin Board System，BBS）的兴起，扩大了人们的社交圈，让人们能够自由地在网络上与他人进行信息交流，"转帖""跟帖"成为自那个时代沿用至今的标志性词汇，社交进入陌生人时代。1999 年 1 月，腾讯公司推出 OICQ（即 QQ），将人们带入即时通讯的网络社交时代。目前，QQ 注册用户人数早已突破了 10 亿。QQ 首次将熟人之间的即时联系从线下搬到了线上，开启了社交媒体基于熟人关系的强联系时代。2009 年 8 月，新浪公司推出了新浪微博。早在 2012 年，新浪微博的注册用户人数已突破 3 亿，日活跃用户数达到近 5 千万，其中，3/4 以上是手机用户。这种基于弱联系的社交媒体在移动互联网蓬勃发展的当下取得了极大的成功。2010 年 11 月，微信被推出，从起初仅作为 QQ 的辅助工具到 2020 年已突破 12.25 亿用户的媒介，将人们在网络上的强联系从 PC 端过渡到移动端。至此，微信已经成为流量最大的移动端即时社交媒体。

1. 社交媒体的形态演进

作为全球程序员都喜爱的网站，Copyblogger 将人类网络社交的历史按时间顺序进行了梳理，把国外的社交媒体发展史划分为三个阶段，具体如表 2-1 所示。

表 2-1 国外社交媒体发展阶段

发展阶段	年份	划分依据	重要事件
史前时代	1971—1999 年	电子邮件的诞生	classmates.com、ask.com、博客工具 Blogger 出现
中世纪	2000—2003 年	维基百科的诞生	Friendster、Myspace 上线

续表 2-1

发展阶段	年份	划分依据	重要事件
鼎盛时代	2004 年至今	脸书的诞生	Flickr、优兔、推特、Groupon、Google +、Pinterest 相继上线

资料来源：Copyblogger。

表 2-1 几乎包括了目前国外主流的社交媒体类型。在划分依据上，围绕目前全球最大的社交媒体脸书，并以其之前的维基百科的诞生为界限，维基百科之前的社交媒体发展到今天几乎无一例外地衰落了，无论是用户群体还是影响力上都不能同脸书相提并论。这种以时间为顺序的分类方式基本上也将社交媒体分为三大类，即电邮类、社群类、移动社交类。

电子布告栏是网络刚刚在国内兴起时出现的，其尤其在大学拥有广泛的受众群体。其中，北京大学的未名、清华大学的水木清华、复旦大学的日月光华等论坛深受用户欢迎。由于大学生思想的开放性、高校资源的共享性和包容性等原因，各种不同的声音在这里汇集、讨论、交流、辩论、留言和转发，这些虚拟的社区成为大学生思想的集散地，热闹非凡。但是，随着微博的出现，各类论坛的公共性功能逐渐被微博所取代。如今各类论坛只能针对特定的用户群体，具有明显的专业和地域特征。以中国人民大学经济论坛为例，每年论坛活跃的峰值出现在大学开学季，主要用户群体为全国各大高校的师生。[1]

QQ 出现的初衷，是让用户可以在网络上交到新朋友，"网友"的概念也是从那个时候开始流行的。人们发现通过 QQ，熟人之间不再局限于面对面的交流，实现了从线下到线上的沟通与交流，QQ 同时也解决了熟人之间交流的时空限制，于是成为人们生活中不可或缺的媒介。经过多年的积累，QQ 拥有了最广泛的用户群体，其用户之

---

[1] 张鸣民：《大数据背景下的新媒介演进》，载《中国媒体发展研究报告》2013 年第 1 期，第 138-143 页。

间以人际交流为主，同时，QQ 平台横跨 PC 端和移动端，包括即时通讯、电子邮件、QQ 空间、新闻、在线游戏、在线支付等功能，兼容性极强。

微博的实时性和碎片化等特征已经使其成为最有效的公众信息和突发性新闻发布平台，政府部门通过微博发布政务信息、回应社会关注。例如，在雅安地震发生 3 秒钟之后，第一条相关微博就出现在新浪上，且在地震发生后 1 分 56 秒之时，在灾区中的微博用户就发布了第一条实时信息。微博作为一种新兴的社交媒体，冲击着传统媒介形态，使得传统媒体原有的年轻受众分流到了微博上。

微信从 2010 年 11 月 20 日上线到 2012 年 3 月 29 日，历时 443 天，用户数量从零发展到 1 亿；而从 2012 年 3 月 29 日到 2012 年 9 月 17 日，半年内用户数量破 2 亿。产品定位从最初的 QQ 的辅助工具到移动社交平台，已经逐步从功能上代替了手机 QQ，形成了 PC 端以 QQ 为主、移动端以微信为主的格局。自 2012 年微信推出朋友圈功能后，月活跃用户数量持续上升。与此同时，微博的用户规模和使用率均出现了 9% 左右的下降[①]。

2. 对演进路线的解释

（1）促进演进的因素从初期的三角模式过渡到移动互联网时代的棱锥模式

前文描述了新、旧社交媒体从出现到部分功能被替代的现象，从中我们不难看出技术在新、旧媒介更替中所起的作用，从电子布告栏到微博再到微信的产品定位背后都有数据的影子。微博的即时性和用户的爆发式增长带来大量的数据，让我们越来越感受到信息过载的压力。微信利用腾讯强大的后台数据和信息流量分析，成功地将自身定位在移动客户端，同时，采用和微博不同的信息发布方式，使微博的用户群体分流。

---

① 中国互联网信息中心（CNNIC）：《第 33 次中国互联网络发展状况统计报告》，2014 年。

受众的社交媒体使用动机包括两个方面：一是功能诉求，二是情感诉求。要如何去感知用户情感，拓展社交媒体新的功能？大数据技术为开发者提供了一个很好的工具。在网络发展的初期阶段，BBS和QQ早期版本的开发是舶来品，满足了人们对网络交流工具的需求和渴望与外界沟通的心理诉求。BBS主要用于和陌生人交流，QQ从最初的交友功能很快发展到熟人间的即时沟通，在开发者、媒介产品和受众之间构成了稳固的三角模式。当时的BBS和QQ所产生的数据类型并不复杂，数据量也没有达到今天的规模，数据的使用不具备海量数据的特征，没有形成规模的商业价值。到了移动互联网时代，随着手机等无线终端的使用，网民数量的增加，图片、语音、视频等非结构化数据以及富含地理等的信息空间数据的使用，大数据成为支撑分析用户行为的工具，开发者需要利用大数据存储、分析工具对用户使用媒介的行为进行分析以更好地改进产品，发掘产品更具价值的功能。因此，大数据成为连接开发者、受众和媒介产品的核心环节。在高速网络和移动互联网时代，对媒介演进路线的分析也从单一的三角模式过渡到立体棱锥模式（图2-1）。

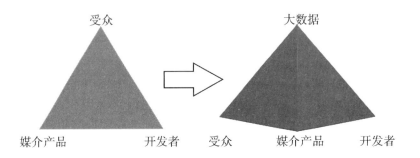

图2-1 社交媒体从初期的三角模式过渡到棱锥模式的演进路线
资料来源：本研究整理。

（2）大数据的人性化趋势促成了新媒介功能上的补偿性替代

保罗·莱文森（Paul Levinson）在《思想无羁：技术时代的认识

论》中阐释了"补偿性媒介"的含义：任何一种新媒介都是对旧媒介或其中一种先天不足的功能的补偿。大数据的出现促成了这种补偿性替代。

QQ 之于微信与 BBS 之于微博的功能是相似的。前者是基于熟人关系的强联系，后者是基于陌生人关系的弱联系。从用户使用的平台来看，QQ 和 BBS 使用的是 PC 客户端，微信和微博使用的是移动客户端，四类媒介的特性表征如表 2-2 所示。移动端媒介和 PC 端媒介的数据表现出了更多的差异性，尤其是手机 3G、4G 技术的推广使用，促成了移动端媒介的数据的精准性，同时也更丰富地描述了用户的生活轨迹。移动端的媒介所提供的数据具有以下三个有别于 PC 端媒体的数据的特性：①数据具有实时性；②数据携带地理信息；③数据内容碎片化，从而使移动端媒介的数据在分析和处理媒介需求上的人性化趋势更加明显，可以更好地描述用户的行为。例如，QQ 的移动端功能、微博的熟人间分享功能都逐步被微信所替代。以后者为例，微信通过数据分析和识别，只将个人所分享的信息评论提供给熟人，能够有效地屏蔽一些不必要的无效信息，避免对个人造成信息过载的压力，这些都是新媒介对旧媒介在功能上的补偿性替代。同时，旧媒介有区别于新媒介的差异性，也为旧媒介提供了生存的空间。①

表 2-2　各类社交媒体的特性表征

类型	特性表征
BBS	特定的用户群体
QQ	兼容性
微博	公共性
微信	智能化和便捷性

资料来源：本研究整理。

---

① 张鸣民：《大数据背景下的新媒介演进》，载《中国媒体发展研究报告》2013 年第 1 期，第 138-143 页。

保罗·莱文森认为媒介是人类理性选择的结果，由于大数据技术所带来的各种符合人性化的趋势，新媒介在演化的过程中更加亲民和贴近用户。当然，新技术的使用虽然让新的媒介更加符合人类生存和发展的需要，但是并不能使新的媒介完全替代旧媒介，而是对旧媒介进行功能性的补偿。因此，我们能够看到在各种新媒介产生的同时，并没有导致其他旧媒介的完全消亡，只是压缩了其生存的空间。在人类理性的控制下，媒介的进化也是为了更好地实现和满足人们对信息的需要。正是大数据提供了这种发掘人类需求的技术，它不仅记录和分析人们的行为，同时也在深刻地影响着媒介的发展。未来，我们会看到满足人们新的需求的新媒介诞生，使我们对媒介的选择更趋丰富和多元化。

二、媒体感知价值的概念及理论来源

媒体感知价值（Media Perceived Value，MPV）包含两个方面的内容：一是感知价值，二是受众。感知价值起源于 20 世纪 80 年代，兴起于 90 年代的营销管理学的顾客价值理论，该理论从顾客的角度完备地研究了顾客的价值对企业竞争优势从内到外的贡献。在顾客价值理论研究中，顾客成为研究企业竞争优势和企业品牌的起点，其正向作用不可忽视。而将这一概念平移到传媒领域里，"顾客"即被"受众"所替代，即在传媒领域，受众和媒介的关系不是直接的商业利益交换，也没有直接的商业价值的让渡。首先，以传统媒介为例，媒介企业通过栏目、报纸等媒介产品获得收视率、阅读率等指标，并将其打包出售给广告商以获得直接的商业利益，受众只是其中的一个环节，并不出现在商业利益交换的两端。其次，受众选择媒介的意愿和行为直接影响了媒介企业的收视率、阅读率等指标，这对传媒企业的商业利益带来的影响更大。所以，和其他非传媒企业一样，受众所产生的价值也是传媒企业需要研究的课题。在社交媒体时代，受众不再单纯表现为被动接受信息，其使用意愿和使用行为的表现与在传统媒介的背景下有着明显的不同，受众在社交媒体领域更是被"网众"所替代。

（一）顾客价值的理论来源

在 20 世纪 80 年代的营销领域里，学界和业界普遍认为组织内的价值链再造、质量控制及管理，以及企业文化建设等，不足以适应外部市场竞争的压力。① 于是，企业纷纷将竞争优势的建立从企业内部转向企业外部，营销领域也从传统的"4P"〔即产品（Product）、价格（Price）、促销（Promotion）、渠道（Place）〕营销理论转向"4C"〔即消费者（Consumer）、成本（Cost）、便利（Convenience）和沟通（Communication）〕营销理论，更多以顾客为导向的竞争开始成为学界研究的新视角。伍德鲁夫（Woodruff，1997）认为任何一家企业只有比其他同行提供给顾客更多的价值（即顾客价值），才能让顾客保持忠诚并使企业在激烈的市场竞争中获得更大的优势。②

在顾客价值理论里，对顾客价值所涉及的内涵和外延有着不同的表述。泽斯曼（Zeithaml，1998）首次明确定义了顾客感知价值（Customer Perceived Value，CPV）的概念。顾客感知价值是指顾客在个人消费的过程中所产生的对产品或服务的使用价值的总体评价，即顾客从心理感知出发，对商品的感知利得与感知利失之间的一种权衡，最终形成对商品的整体认知。③ 该定义将顾客的感受作为价值研究的对象，通过心理测量的方法研究价值的具体含义。泽斯曼将顾客感知价值总结为以下四个方面：一是突出顾客感知价值的主观性。在泽斯曼看来，不同的顾客群体对产品或服务的感知价值不同，即便是

---

① 白长虹：《西方的顾客价值研究及其实践启示》，载《南开管理评论》2001 年第 2 期，第 51 – 55 页。

② Woodruff R B. "Customer value: The Next Source for Competitive Advantage", *Journal of the Academy of Marketing Science*, 25, no. 2 (1997): 139 – 153.

③ Zeithaml V A. "Consumer Perceptions of Price, Quality, and Value: A Means-end Model and Synthesis of Evidence", *Journal of Marketing*, 52, no. 3 (1998): 2 – 22.

同一顾客群体，在对同一产品或服务的消费过程中也会产生不同的感知价值。二是强调支付价格和顾客感知之间的权衡。三是强调顾客感知的关键性作用。四是认为顾客价值是在总付出后所获得的总收益。这四个方面缺一不可，顾客的感知价值不会偏向于某一个特定要素，而是对四个方面的综合权衡。

霍尔布鲁克（Holbrook，1996）后来经分析发现，单纯地采用这种权衡不能完全反映出顾客感知价值的全部内容，他主张将顾客对享乐的感受加入到对消费行为的理解中。[①] 科特勒（1994）提出了顾客让渡价值的概念，即顾客购买某种产品或服务时的总价值与总成本的差额。[②] 其中，总价值既包括从产品的使用价值中衍生出来的价值，还包括取得产品或服务时所获得的形象、地位等方面的价值，而总成本包括顾客在产品或服务消费过程中所投入的总的时间、金钱等非货币成本与货币成本的总和。

比较顾客价值、顾客让渡价值和顾客感知价值三者之间的概念异同：首先，三者都是顾客和企业之间关系价值的真实反映，但是，泽斯曼对价值的定义侧重于顾客心理感受，显得更为主观，在价值的测量上相对困难，只能作出描述性定义；而科特勒关于让渡价值的定义则更容易量化和比较，其对价值构成的描述也更加直观。总的来说，学界对于感知价值概念的理解包括以下四个方面。

1. 价值是主观的（subjective）

泽斯曼将价值视为一种主观感受，不同的消费群体对同一商品的感受不同，其所感知的价值也就不尽相同，但是泽斯曼依然认为提高顾客价值的唯一途径是提高顾客对商品价值的感知程度。安德森（Anderson，1993）更是将顾客的主观感受称为一种感知效用。该感知效用产生于顾客使用产品之后，并且能够将 A 产品和 B 产品进行

[①] Holbrook M B. "Customer Value: A Framework for Analysis and Research", *Advances in Consumer Research*, 23, no.1 (1996): 138–142.

[②] [美] 菲利普·科特勒：《营销管理》（第 8 版），格致出版社 1994 年版。

价格或者使用价值上的心理比较，这种比较还体现在顾客对生产者或社会的技术、经济和效益的感受方面。巴茨和古德森（Butz & Goodstein, 1996）进一步认为，该价值是产品和供应商之间的情感纽带①，对于品牌企业而言，想要提高商品或者企业品牌的价值，就应该以消费者的情感需求为导向，或者说，品牌资产的大小取决于消费者或用户对产品或服务感知效用的大小。我国学者白长虹（2001）在对前人研究进行总结的基础上提出，这种感知效用是顾客在获得产品或服务后进行整体评价的结果。② 总之，学者们普遍认为感知价值是主观的，且能够被感知效用所替代。

2. 价值是动态的（dynamic）

Grönroos（1997）在关于服务质量的研究中指出，顾客感知价值贯穿于整个营销过程从起点到终点的动态价值链之中。③ 顾客在不同时期对产品的偏好、需求及对产品的评判标准可能会有所不同，甚至顾客自身不同阶段的财务状况差异也会导致其感知价值的不同。简单来说，在购买决策阶段，顾客会对不同的产品或服务作出比较，并对所需的产品或服务作出预设；在购买并使用之后，顾客会更关注产品或服务的使用价值或其效用。这些感知价值在上述两个阶段很可能是不一致的，所以，顾客的感知价值是动态的。④

在对产品或服务的评价标准上，不同客户的感知价值也是不一样的。⑤ 伴随着消费频次的增加，顾客对产品或服务的关注及评价也在

---

① Butz H E, Goodstein L D. "Measuring Customer Value: Gaining the Strategic Advantage", *Organizational Dynamics*, 24, no. 3 (1996): 63 – 77.

② 白长虹：《西方的顾客价值研究及其实践启示》，载《南开管理评论》2001年第2期，第51 – 55页。

③ Grönroos, Christian. "Value-driven Relational Marketing: From Products to Resources and Competencies", *Journal of Marketing Management*, 13, no. 5 (1997): 407 – 419.

④ Woodruff R B. "Customer Value: The Next Source for Competitive Advantage", *Journal of the Academy of Marketing Science*, 25, no. 2 (1997): 139.

⑤ Parasuraman A, Zeithaml V, Berry L. "SERVQUAL: A Multiple-Item Scale for Measuring Consumer Perception of Service Quality", *Journal of Retailing*, 64, no. 1 (1988): 12 – 40.

不断发生着改变，在顾客从首次购买向长期购买的转化过程中，其对产品或服务的属性及层次的认可程度都在不断提升。最终从购买层级上对顾客进行了划分，即初次顾客、短期顾客、长期顾客和离弃顾客四种类型，并且这些类型之间能够发生转化。

3. 各方权衡的结果（trade-off）

学者们普遍认为，感知价值具有相对性。摩尔和克里斯纳（Monroe & Krishnan，1985）在研究中指出，顾客感知价值是消费者所付出的价格利失和所获得的产品或服务利得之间的一种相对关系。[①] 这一关系是建立在双方公平交易基础之上的，更进一步说，是顾客对产品质量的感知利得与支付产品价格感知利失之间的一种综合权衡。顾客的消费决策取决于对产品或服务的消费权益的心理权衡，即顾客感知价值。当顾客在消费活动中感受到的利益大于所付出的货币或非货币的成本时，感知价值将相对较大，反之亦然。因此，感知价值的大小取决于感知利得与感知利失间的相对关系。从本质上来说，这是一种心理上的感受，顾客会根据感受作出购买决策。感知利失不仅仅代表顾客所付出的金钱，也可能代表着顾客所付出的时间和自身的努力，这时，价值表示顾客从产品或服务中所获得利益的相对价值。由此，我们可以将顾客对感知利得和感知利失之间的权衡作为顾客的感知价值（Anderson & Weitz，1992；Wood & Scheer，1996；Woodroof，1997）。

对于感知利得，安德森和威茨（Anderson & Weitz，1992）将其归结为在支付一定价格后所得到的心理上的满足。[②] 伍德和谢尔（Wood & Scheer，1996）则认为利得还包括产品的品质，感知利失则

[①] Monroe K, Krishnan R. "The Effect of Price on Subjective Product Evaluations", in Jacoby J, Olson J, Eds. *Perceived Quality: How Consumers View Stores and Merchandise*. Boston, MA: Lexzhgbon Books, 1985: 209 – 232.

[②] Anderson E, Weitz B. "The Use of Pledges to Build and Sustain Commitment in Distribution Channels", *Journal of Marketing Research*, 29, no.1 (1992): 18 – 34.

包括所感知的货币形式的支出以及非货币形式的支出,例如感知风险等。① 消费者通过对感知利得以及各类形式的利失支出等进行心理上的综合评价后,产生购买意愿及作出购买行为。

霍尔布鲁克(Holbrook,1999)则将顾客感知价值视作消费者的一种体验,指出其具有偏好性、互动性和相对性。对顾客而言,这三种特性分别产生于顾客对产品或服务消费前的决策过程、顾客对产品或服务消费后的价值创造过程以及顾客对消费环境的感知差异。②

4. 价值形成的源泉——感知质量(perceived quality)

在企业提供产品或服务后,顾客产生感知效用,这是顾客自身能够感觉到的,并形成了顾客的感知价值。因此,顾客对产品或服务质量的感知是感知价值的形成之源,感知价值是顾客在付出了一定的货币成本后从消费过程中所感知到的产品或服务的质量。当然,这一说法没有完全权衡感知利得和利失,不免有失偏颇,但是也能够看出感知质量在形成顾客感知价值过程中的重要性。莫里斯(Morris,1994)直接在顾客感知价值与感知质量之间构建了一个函数关系。盖尔(Gale,1994)后来进一步突出了顾客对产品或服务所感知到的质量的地位和重要性。在他看来,在控制顾客感知价值的因素中,价格让位于质量,离开了质量的价格是缺乏市场的;但同时,对于离开了价格的质量,由于顾客缺乏了对价格的感知,这样的质量也是没有市场的。因此,这种感知质量是建立在顾客对所获得的产品或服务付出的相对价格的比较,以及与同类竞争者的产品或服务相比较的基础之上的。③

---

① Wood C M, Scheer L K. "Incorporating Perceived Risk into Models of Consumer Deal Assessment and Purchase Intent", *Advances in Consumer Research*, 23, no. 1 (1996): 399–404.

② Holbrook M B. *Consumer Value: A Framework for Analysis and Research*. New York: Routledge, 1999.

③ Gale B. *Managing Customer Value: Creating Quality and Service that Customers can See*. New York: Free Press, 1994.

5. 顾客的让渡价值——全方位营销下的顾客价值观

在价值链的概念的基础上，将顾客价值纳入整个营销价值链中。顾客价值贯穿于整个营销过程中，有利于整合营销过程中的各方利益，达到多方满意的结果。这里强调了全方位营销在扩大份额、建立顾客忠诚度方面的特殊作用，能够获取顾客的"终身价值"。顾客价值应该被纳入全方位营销价值链的终端环节中，在整个价值链中，总顾客价值和总顾客成本之差构成了顾客的让渡价值。戴尔（Day，1994）也以所得价值及成本之差给出了相似的定义，他认为企业在市场竞争中获得竞争优势的能力表现为市场感知能力、顾客联系能力和渠道链接能力，[1] 再次强调了顾客的感知在市场竞争中的地位和作用。从本质上来说，顾客让渡价值的概念和泽斯曼（1988）的顾客感知价值的概念在内核上是一致的。

国内学者董大海等人（1999）在顾客让渡价值研究的基础上指出，顾客价值是顾客得到的效用和顾客付出的成本之间的比值，揭示了在营销过程中顾客地位的变化对企业的市场营销有着重要的指导意义。[2]

综上所述，自西方学者在20世纪80年代提出顾客价值到90年代相关研究兴起以来，不同的学者对顾客价值给出了不同的定义。无论是顾客价值、顾客感知价值还是顾客让渡价值等，学者所定义的内容和侧重点都不完全一致，但是所有概念指向的核心观点大体上都聚焦于"顾客在对产品或服务的消费过程中所产生的感知利得和感知利失之间的综合权衡"。这为我们研究具体产业提供了一个很好的学术视角。

---

[1] Day G S. "The Capabilities of Market-Driven Organizations", *Journal of Marketing*, 58, no.4 (1994): 37-52.
[2] 董大海、权小妍、曲晓飞：《顾客价值及其构成》，载《大连理工大学学报（社会科学版）》1999年第4期，第18-20页。

（二）从顾客感知价值到媒体感知价值：传媒视阈下的使用与满足理论的贡献

使用与满足理论提供了一种受众的视角，传播学学者们在此基础上对受众的媒介使用动机和使用行为等方面作了大量的研究，认为受众通过媒介消费获得对媒介使用的满足感。将人们对媒介所带来的利益的感知与这些利益对受众产生的不同价值相结合，可以用来解释人们的媒介使用行为。这种感知价值直接影响着受众对媒介消费的满意度，大众对媒介消费的时间越长，其对媒介的满意度就会越高，这样也会让媒介企业的品牌资产价值增加。

传播学学者们在"使用与满足"的范式下解释受众的形成及其行为动机。通过对受众行为的分析了解受众在媒介使用过程中的社会心理因素，这类功能主义的研究范式为我们了解和掌握受众的媒体感知价值维度提供了很好的注解。研究者们可以通过对受众使用媒介的动机和过程进行研究，发现媒介消费过程中的有效利益点，寻求提升传媒企业品牌资产的途径。

传播学学者 Katz（1973）提出的使用与满足理论对当时的传播思潮作了批判，当时主要的理论研究集中于"媒介对人们做了什么？"，Katz 将这一问题改为"人们用媒介做了什么？"。这一转变被认为是对传播学的一种拯救，这一理论也是对受众研究的转变。该范式下的受众研究包括以下三个方面。

1. 受众选择的动机

受众的形成基于个体对媒介的需求，这类需求包括对信息的寻求以及娱乐、陪伴、逃避等因素。不同媒介形态和媒介内容对受众需求的激发各不相同，传播学学者常常使用该理论对不同的媒介进行差别性研究，包括受众对新媒介的使用和接受的吸引力。① 他们提出了受众使用媒介的需要与满足的四个类别，具体包括四个方面：①消遣：逃避问题，宣泄情绪。②人际关系：交友和社会公用。③个人认同：强化价值观，自我认知及探索现实。④监视：帮助个人从事或完成某件事情的信息。

瑞典学者冯·费利森（Von Feilitzen，1976）通过对儿童使用媒介的主要原因进行分析，将儿童使用媒介的动机归纳为：娱乐和情感的满足、信息和认知的需求、社会性需求（以获得他人认同）、非社会性需求（逃避、情绪调整等），以及与消费模式和媒介本身相关的需求五个方面。②

在互联网环境下，除了传统的需求动机外，使用与满足理论的研究还增加了新的需求，帕帕克瑞斯和鲁宾（Papacharissi & Rubin，2000）对互联网的媒介需求作了梳理，总结出互联网媒介的需求要素，即人际交流、信息来源、闲暇消遣、娱乐及便捷性等。③ 那迪等人（Nardi et al.，2004）通过对博客用户的研究总结，讨论了用户使用的动机，包含对博客资讯观点的交流、经验的分享，以及个人的看法，等等。④

在对受众选择的动机研究中，我们可以看到媒介使用者在作出选择时考虑的根本因素，这对本研究所要进行的媒体感知价值维度的界定和测量有着十分重要的意义。

2. 受众选择的过程

卡茨等人（Katz et al.，1973）总结了当时的受众理论，指出：

---

① Perse E M, Rubin A M. "Chronic loneliness and television use", *Journal of Broadcasting & Electronic Media*, 34, no.1 (1990): 37 - 53.

② Von Feilitzen C. "The functions served by the media," in Brown R (Ed.). *Children and television*. Beverly Hills, CA: Stage, 1976.

③ Papacharissi Z, Rubin A M. "Predictors of Internet Use", *Journal of Broadcasting and Electronic Media*, no.44 (2000): 175 - 196.

④ Nardi B A, Schianos D J, Gumbrecht M, et al. "Why We Blog", *Communications of the ACM*, 47, no.12 (2004): 41 - 46.

"（1）社会和心理起源；（2）产生需求；（3）因需求而产生期望；（4）对大众媒介或其他信源的期望，导致（5）不同的媒介接触模式（或参与其他活动），从而导致（6）需求的满足和（7）其他结果。"[1] 这一过程被视为受众对媒介的选择过程。

受众在媒介选择的过程中通常受到自我意识的控制，自我意识上的需求越多，使用媒介的可能性就越大，受众自身的媒介使用经验和社会背景对媒介的选择过程也有着显著的影响。[2] 这一结论也受到诸多假设的限制和制约，它假定：受众在媒介选择过程中是理性的；要求实验过程中影响受众使用的大多数变量都是可测的（包括动机、社会背景等）。

3. 使用与满足理论对媒体感知价值的贡献

使用与满足理论对媒体感知价值的主要贡献在于，在网络媒介尤其是 Web 2.0 时代，受众选择的过程导致了受众内涵的扩张，完成了从受众到用户的转变。在传播学领域，从受众到用户的转变，从学理上说是使用与满足理论在网络环境下对受众理论的一种"修复"。传统意义的受众难以概述新媒介的消费者，这一群体包括即时通讯工具、微博、短视频等新媒介的使用者。在 Web 2.0 时代，社交媒体的使用者不仅仅是大众传播技术的信息接收者，或者说是作为传播行为的客体而存在，而是具有更强能动性的主体。在新媒介环境下，受众在大众传播活动中起着主导作用，是传播过程和效果的前置因素。[3] 同时，受众不仅是传播活动的主体，更是传播内容生产的主体。用户生成内容（User Generated Content，UGC）已经伴随着 Web 2.0 概念的兴起而成为一种新时尚，更重要的是，颠覆了受众不可以"随心所欲地选择信息"的传统观念。在社交媒体中，受众的

---

[1] Katz E, Blumler J G, Gurevitch M. "Uses and Gratifications Research", *Public Opinion Quarterly*, 37, no. 4 (1973): 509–523.

[2] McQuail D. *Mass Communication Theory: An Introduction*. London: Sage, 1983.

[3] 胡正荣、段鹏、张磊：《传播学总论》（第二版），清华大学出版社2008年版。

主观能动性得到了更大程度的释放,受众价值在网络时代尤其是社交媒体出现后的 Web 2.0 时代变得更加不同。利维斯通(Livingstone, 2004)认为媒介技术能够让人们更主动、更积极地去交流,传统的"受众"正在向"用户"转变。① 何威(2010)更是将网络环境下的用户定位为"网众",以此同传统意义上的"受众"区分开来,并认为"网众"有着个性化、多元化和去中心化等特点,主要用于社会性媒体的传播。②

从媒介工业的视角分析,受众转变为用户,如今,用户更是作为一种商业化的概念而存在。麦奎尔(Morley,1992)曾经描述了个人使用媒介来满足各种不同的需求。例如,利用娱乐节目为受众提供逃离单一且枯燥的家务劳动的选择。这种思路推翻了当时传统媒介效果理论的前提,将思考媒介对受众做了什么转向人们对媒介做了什么。③ 此时的社交媒体表现出了和传统媒介完全不同的形式,能满足人们更多的需求,同时,网络的外部性使信息的传播效率大大提高,而传播成本大大降低。这就导致了这种新的媒介环境与传统媒介环境在生存模式上的不同,最典型的特征是不再依赖于传统的广告业务。在我国,主要的网络媒介企业的广告收入占比均在 20% 以下,用户所带来的互联网增值业务的比重在逐年上升。反观传统媒介企业,越来越多的报纸开始在互联网上尝试使用付费墙业务。以《纽约时报》为例,从 1997 年到 2007 年,其广告业务占比达到 70% 以上。如今,《纽约时报》通过付费墙获取的发行收入的比重在逐年上升并且已经超过广告收入的比重。这种转变也是将受众商业化为用户的一个基本特征。

---

① Livingstone S. "The Challenge of Changing Audiences: Or, What is the Audience Researcher to Do in the Age of the Internet?", *European Journal of Communication*, 19, no. 1 (2004): 75 – 86.

② 何威:《网众与网众传播——关于一种传播理论新视角的探讨》,载《新闻与传播研究》2010 年第 5 期,第 47 – 54 页、第 109 – 110 页。

③ Morley D. *Television, Audience, and Cultural Studies*. London & New York: Routledge, 1992.

使用与满足理论指出，受众在选择和使用媒介的过程中，通过心理感知价值来满足个体事前的需求，并对媒介选择的事后行为作出反馈，让社交媒体的选择和反馈行为双向度化。在此过程中，"受众"不再仅仅被动接受信息，再作出反馈，而是主动成为媒介的使用者和传播者，完成了传媒领域里从受众到用户的转化，自此也完成了从顾客感知价值（CPV）向媒体感知价值（MPV）的变迁。

综上所述，本研究将媒体感知价值定义为，受众在互联网领域里与网络媒介（社交媒体）的双向互动过程中，对其所提供的功能和服务的感知利得和感知利失之间的综合权衡。

第三章　媒体感知价值的理论分析

在传媒领域，尤其是社交媒体出现以来，关于社交媒体品牌资产的研究成果相对匮乏，哪些因素可以驱动品牌资产及如何驱动是学术界多年来一直探讨的命题。"感知价值"（perceived value）的概念自20世纪80年代被提出以后，学者们进一步将感知价值作为品牌资产的驱动因素纳入研究课题并深入各个领域。

本研究将扩展感知价值在社交媒体领域的应用，通过对社交媒体用户感知价值的讨论，为下文分析其对社交媒体品牌的相关作用机制奠定基础。本章在前人对传统领域里的顾客感知价值的研究基础上，从理论层面探讨在互联网尤其是移动互联网时代，用户在社交媒体及其产品使用过程中的媒体感知价值。

一、媒体感知价值的一般性分析

（一）维度初探

感知价值能够驱动企业品牌和产品品牌的构建。社交媒体感知价值里的哪些价值要素为目前成功的社交媒体品牌所共有，这些价值要素为什么能够吸引和促使用户对社交媒体品牌持续地关注和使用，是学界和业界迫切需要研究的问题。结合前人对传统领域里的顾客感知价值的分析，以及在互联网尤其是移动互联网时代用户对社交媒体产品的使用，找到感知价值的具体要素是本研究首先要解决的问题。

自1988年泽斯曼（V. A. Zeithaml）首次提出顾客感知价值这一

概念以来，以感知价值为主题发表的英文文献达到 30 多万篇，中文文献 5000 多篇。最早将西方感知价值的观点引入中国的是南开大学的白长虹教授①，此后，国内对感知价值的讨论在企业管理、旅游管理、市场营销、图书情报等多个学科领域展开。各类研究包括：①感知价值的形成包含了多个方面的因素，因此，感知价值是多维的；②对感知价值维度的研究是其他各类关于品牌、满意度、竞争力、网络用户行为等多学科领域研究的起点。本研究亦将感知价值作为社交媒体品牌领域的研究起点。

由于社交媒体出现的时间还不长，目前对感知价值的研究文献在社交媒体领域非常有限。不过，在传统领域里的相关研究文献比较丰富，也更加全面。学者们对感知价值的研究还存在观点分歧，主要分歧表现在不同的学科领域对感知价值维度的理解不同，出现了较多有关感知价值维度测量量表的文献。关于感知价值的研究除了研究领域的不同产生的差异外，在具体研究方法和研究内容上差异不大，因此，梳理前人在传统领域里有关顾客感知价值的研究具有很强的借鉴意义。一般来说，对感知价值维度的研究分为以下三个模式。

第一个模式是将感知价值分解为感知利得与感知利失，前者为顾客/用户从产品或服务的质量中感受到的利益，后者为其获得产品或服务的品质或质量所付出的利益。在这类分析体系下，需要将感知成本从个人对产品或服务的总体评价中分离出来，笔者将其定义为"利得 – 利失模式"。

第二个模式是将感知价值的维度分层解析为维度间的关系，每个维度之间有着明显的递进层次，笔者将其定义为"分层模式"。

第三个模式是将感知价值的维度看作一个整体进行分类研究。该模式是目前最常见的研究方式，大体上将感知价值的具体维度分为两个方面：一是从产品或服务的质量出发所衍生出的价值，如功能性价值、工具性价值、知识性价值、外在价值等，以帕拉苏拉曼和泽斯曼

---

① 白长虹：《西方的顾客价值研究及其实践启示》，载《南开管理评论》2001 年第 2 期，第 51–55 页。

(Parasuraman & Zeithaml，1988）等的研究为代表①；二是从顾客购买行为和心理出发所衍生出来的价值，包括情感价值、娱乐价值、社会性价值、享乐价值、自我价值等，以巴宾等（Babin et al.，1994）的研究为代表②。笔者将其定义为"平行模式"。

因此，本研究认为感知价值的维度可分为以下三种模式，即"利得-利失模式""分层模式"以及"平行模式"。

（二）感知价值维度的"利得-利失模式"

这一模式来源于泽斯曼（Zeithaml，1988）对感知价值的定义。在她看来，感知利得包括产品的内外部属性、感知质量等，感知利失包括付出的货币与非货币价格（如个人的时间、精力等）。③ 之后的学者们从利得-利失角度分别作了深入讨论，将感知利失作为使用行为的成本。门罗（Monroe，1990）认为，感知利失包括顾客的购买价格、安装运输、维修保养等整个购买过程的全部成本。④ Lai（1995）则将感知利失划分为时间和金钱上的支出、未知风险、个人精力等方面。⑤ 我国学者成海清（2007）将感知成本归纳为货币成本、精力成本和心理成本三个方面。⑥

"利得-利失模式"强调感知价值的构成，其优势在于将感知价值数量化，便于进行序数比较，从而更深层次地分解和剖析感知价值。这一模式能够更好地帮助企业推进营销实践，一方面使其理解感

---

① Parasuraman A, Zeithaml V, Berry L. "SERVQUAL: A Multiple-Item Scale for Measuring Consumer Perception of Service Quality", *Journal of Retailing*, 64, no.1 (1988): 12-40.

② Babin B J, Darden W R, Griffin M. "Work and/or Fun: Measuring Hedonic and Utilitarian Shopping Value", *Journal of Consumer Research*, 20, no.4 (1994): 644-656.

③ Zeithaml V A. "Consumer Perceptions of Price, Quality, and Value: A Means-end Model and Synthesis of Evidence", *The Journal of Marketing*, 52, no.3 (1998): 2-22.

④ Monroe K B. "Pricing: Making Profitable Decisions", McGraw-Hill Companies, 1990.

⑤ Lai A W. "Consumer Values, Product Benefits and Customer Value: a Consumption Behavior Approach", *Advances in Consumer Research*, 22, no.1 (1995): 381-388.

⑥ 成海清：《顾客价值驱动要素剖析》，载《软科学》2007年第2期，第48-51页。

知价值的构成，另一方面为满足顾客需求提供理论依据。

（三）感知价值维度的"分层模式"

伍德鲁夫（Woodruff，1997）的研究指出，顾客的感知价值是动态的且有层次的，他提出了感知价值的分层模型。[①] 他认为感知价值不仅是在利得和利失之间所达成的一种平衡状态，更是一种静态上具有多维度、动态上具有层次感的构念。

从顾客消费过程的角度看，感知价值会随着时间和产品的使用产生不同的变化。顾客在使用过程前后对产品或服务的感知会随着使用过程的变化而出现层次的提升。价值的动态分析框架建立在每一次顾客对产品或服务使用后的感知基础之上，能够将顾客价值根据使用场景的变化进行分解。同时，顾客价值具有层级结构，可分为产品属性层、结果层和最终目的层三个层次。产品属性层是最基础的层次，描述的是与产品的基本特征相关的内容，是顾客接触的第一层次。结果层在产品属性层之上，是顾客在使用产品后对其表现和结果的主观评价。最终目的层反映了顾客的购买意图和目标，是描述顾客期望是否达成的最终环节。

伍德鲁夫的分层模型能够将顾客对产品的认知逐步抽象化，进而上升到顾客的心智层面。顾客同产品的接触首先是接触其具体属性，其次是产品属性的绩效表现，最后上升到顾客自身的真实目的和购买意图。具体来说，顾客在选择、使用产品或服务的时候，首先考虑的是产品或服务的功能性价值，将产品或服务的属性与性能作为首要考量的因素；其次是在使用产品或服务后形成的对产品或服务的期望结果的反应；最后是会影响顾客是否再次购买的意愿以及对产品或服务的总体评价。这一过程是有机动态的。在电子商务实践中，这一过程更是体现在顾客购买的整个过程中。例如，在网络消费中，从购买前

[①] Woodruff R B. "Customer Value: the Next Source for Competitive Advantage", *Journal of the Academy of Marketing Science*, 25, no. 2 (1997): 139–153.

的选择,到购买后的评价,顾客都会积极参与并能从中获得奖励,对企业而言,就能够更好地据此把握顾客的感知价值,指导自身的产品改进和营销实践。

(四) 感知价值维度的"平行模式"

这是目前感知价值维度研究中最常见的模式,我们可从以下两个方面进行讨论(见图3-1)。

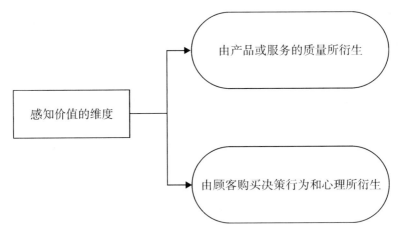

图3-1 感知价值"平行模式"维度划分的依据
资料来源:本研究整理。

1. 从产品或服务的质量出发所衍生出的感知价值

以帕拉苏拉曼和泽斯曼(Parasuraman & Zeithaml, 1988)等的研究为代表,[①] 他们认为,顾客价值来源于对产品或服务质量的感知,

---

① Parasuraman A, Zeithaml V, Berry L, et al. "SERVQUAL: A Multiple-Item Scale for Measuring Consumer Perception of Service Quality", *Journal of Retailing*, 64, no.1 (1988): 12-40.

产品的功能及其延伸出的售后服务、价格、顾客对产品或服务的定位等客观和主观因素共同构成了顾客的感知价值,这是感知价值的静态表现。佰恩（Burn,1995）将顾客价值分为产品价值、使用价值、拥有价值以及评价过程形成的总的评价价值四个大类。[①] 凯勒（Keller,2001）在此基础上,将价值划分为功能性、象征性和体验性三种。[②] 这三种价值类似于伍德鲁夫的层次模型,从产品的物理属性出发,逐步过渡到顾客的心理。其中,功能性价值强调的是产品的最基本属性,主要是满足顾客的使用价值；象征性价值来自顾客对产品的个人认同,这种认同是社会环境、个人交际等外在因素施加于顾客和产品关系上的；体验性价值来自顾客体验性的心理和认知诉求,包括顾客感官上的满足、心理上的刺激等,是满足顾客自身需求的内在价值。派恩等（Pine et al., 1998）将顾客的体验性价值分成了四类：一是娱乐的价值,也是顾客体验中常见的价值表现,例如观光浏览等；二是教育的价值,顾客更加积极主动地参与到整体活动中；三是逃避现实的价值,例如让人沉迷的活动体验；四是美学的价值,是指人们在不对外界产生任何外部效应的前提下参与到某一活动或实践中去,例如参观博物馆等。[③] 斯维尼等（Sweeney et al., 2001）通过实证研究提出了顾客感知价值的 PERVAL 模型,给出了顾客感知价值的多维度量表。[④] 该模型将顾客感知价值划分为四个维度。与凯勒的研究不同的是,其将功能性价值分为价格价值和质量价值,前者是由产品的成本所决定的,是顾客对产品的一种感知利失,后者是顾客从产品质量中所获得的感知效用,是顾客的一种感知利得。另外,情感

[①] Burn M J. "Value in Exchange: The Consumer Perspecclive", The University of Tennessee, 1993.

[②] Keller K L. "Building Customer-base Value in Exchange: The Consumer Perspectived Brand Equity", *Management and Marketing*, 10, no.2 (2000): 14-21.

[③] Pine B J, Gilmore J H. "Welcome to the Experience Economy", *Harvard Business Review*, 76, no.4 (1998): 97-105.

[④] Sweeney J C, Soutar G N. "Consumer Perceived Value: The Development of a Multiple Item Scale", *Journal of Retailing*, 77, no.2 (2001): 203-220.

价值与凯勒的体验性价值类似,源自产品中的情感因素所带来的效用;社会价值是顾客对产品自我强化所产生的效用。拉格斯和费尔南德斯(Lages & Fernandes, 2005)进一步开发了顾客服务价值量表(SERPVAL),将顾客服务感知价值分为生活沟通价值(living communication)、舒适生活价值(peaceful life)、社会识别价值(social recognition)和社会结合价值(social integration)四个维度。[1]

2. 从顾客购买决策行为和心理出发所衍生出来的价值

这是具有动态性的价值。帕拉苏拉曼等将这个动态过程分为获得价值、处理价值、使用价值和赎回价值四个阶段。[2] 谢斯等(Sheth et al., 1991)提出将社会价值、认知价值、功能价值、情感价值以及情景价值作为顾客感知价值的五个维度。[3] 谢斯等认为这五个维度相互独立,顾客的消费决策和行为选择实际上是这五个不同维度的函数。这五个维度在不同场景之下同时或分别作用于消费者的选择行为,从上述五个维度出发对顾客价值进行动态测量,能够有效指导企业进行营销实践。从顾客心理认知的角度出发,巴宾等(Babin et al., 1994)认为顾客价值中包含了追求功利主义利益和享乐主义利益的价值,并将顾客价值的维度归结为娱乐和情感价值,情感上的联结能够帮助顾客在工作、家庭等领域建立更好的社会关系,从而为自身带来经济利益;对个人而言,购物消费不仅仅是一种满足个人需求的功利性活动,更能够给自身带来消费的乐趣。[4] 霍尔布鲁克(Holbrook, 1996)从研究顾客消费行为出发,一方面强调产品的功能性

---

[1] Lages L, Fernandes J C. "The SERPVAL Scale: A Multi-item Instrument for Measuring Service Personal Values", *Journal of Business Research*, 58, no.11 (2005): 1562 – 1572.

[2] Parasuraman A, Grewal D. "The Impact of Technology on the Quality-Value-Loyalty Chain: A Research Agenda", *Journal of the Academy of Marketing Science*, 28, no.1 (2000): 168 – 174.

[3] Sheth J N, Newman B I, Gross B L. "Why We Buy What We Buy: A Theory of Consumption Values", *Journal of Business Research*, 22, no.2 (1991): 159 – 170.

[4] Babin B J, Darden W R, Griflln M. "Work and/or Fun: Measuring Hedonic and Utilitarian Shopping Value", *Journal of Consumer Research*, 20, no.3 (1994): 644 – 656.

和使用价值；另一方面强调顾客和产品、企业之间的互动关系，并从下述三个角度理解顾客价值。[①] 一是外在价值与内在价值。这里的外在价值与伍德鲁夫（Woodruff）所提到的产品属性相似，内在价值是顾客消费过程中的体验价值。二是自我导向和他人导向。前者源自顾客在产品消费中给予的评价，后者则由其他外因所致。三是主动价值与被动价值。前者与顾客相关，后者与产品相联系。霍尔布鲁克（Holbrook，1999）进一步依据这三个方面将顾客感知价值细分为效率、卓越、地位、尊敬、游乐、美感、伦理和心灵八类。[②]

二、感知价值维度划分的原则界定

通过本研究对上述三种感知价值维度模式的整理（表3-1）可知，利得-利失模式以及分层模式能够比较完备地解释感知价值的具体构成，但是在实际应用中难以很好地对利得和利失以及三个层次进行定量描述。在众多领域里，感知价值维度主要的划分依据依旧采用了平行模式。

表3-1 国外感知价值的维度整理

学者	感知价值的具体要素分析
Zeithaml，1988	从感知价值的利得和利失两个方面展开分析：前者包括产品的内外部属性、感知质量等；后者则包括付出的货币价格与非货币价格（例如个人的时间、精力等）

[①] Holbrook M B. "Customer Value: A Framework for Analysis and Research", *Advances in Consumer Research*, 23, no.1 (1996): 138-142.

[②] Holbrook M B. *Consumer Value: A Framework for Analysis and Research*. New York: Routledge, 1999.

续表 3-1

学者	感知价值的具体要素分析
Sheth, Newman, Gross, 1991	顾客价值的五维度模型,包括社会价值、情感价值、功能价值、认知价值、情景价值五个方面
Keener, 1991	从网络购物入手,认为网络购物的基础目标和手段目标是感知价值的两面
Babin et al., 1994	追求功利主义和享乐主义方面的利益,即娱乐价值和情感价值
Burn, 1995	产品价值、使用价值、拥有价值以及顾客在评价过程中形成的总的评价价值
Holbrook, 1996	分为外在价值与内在价值、自我导向与他人导向、主动价值与被动价值
Gale, 1996	市场感知质量的比率和相对价格
Woodruff, 1997	感知价值分为三个层次:首先是最基本的满足功能性需要的价值;第二个层次是对底层属性的满足与对实现预期结果和能力形成的期望的价值;第三个层次是实现顾客最终目标和意图的价值
Pine, 1998	娱乐的价值、教育的价值、逃避现实的价值、美学的价值
Sweeney et al., 2001	提出了顾客价值的 PERVAL 模型,包括价格价值、质量价值、情感价值以及社会价值四个维度
Keller, 2001	分为功能性价值、象征性价值和体验性价值三类
Bourdeau, 2002	学习价值、享乐价值、功利主义价值、购买价值和社会价值五种价值
Zhan, Dubinsky, 2003	感知产品质量、价格、风险以及产品体验

续表 3-1

学者	感知价值的具体要素分析
Lages, Fernandes, 2005	生活沟通价值、舒适生活价值、社会识别价值、社会结合价值
Han, 2001	内容价值和环境价值

资料来源：本研究整理。

我国学者查金祥（2006）在研究互联网领域的顾客感知价值模式时，对感知价值的维度划分原则作了分析，认为感知价值维度的划分经历了从二分法向三分法的转变。他认为绝大多数感知价值能够划分为功能性价值、程序性价值和社会性价值三类。[①] 本研究在查阅国内外大量文献的基础上认为，感知价值划分的原则是基于"平行模式"下的类似"三分法"的划分方式的延续。范秀成和罗海成（2003）在帕拉苏拉曼等的研究的基础上将感知价值分为功能价值、情感价值和社会价值三个维度，其中，功能价值是对产品或服务的价格和品质的描述，这与斯维尼等对功能价值的表述基本一致。[②] 杨晓燕和周懿瑾（2006）讨论了顾客对绿色产品的感知价值，在范秀成等研究的基础上加入了绿色价值和感知付出两个维度。[③] 孟庆良和韩玉启（2006）提出的顾客价值的多维模型与上述两篇文献提出的模型基本一致，唯一不同的是将绿色价值更新成为知识价值。[④] 黄颖华和黄福才（2007）从旅游经济的角度实证研究了游客对旅游经历的感知价值，认为游客的感知价值测量可以分为五个维度，分别是情感

[①] 查金祥：《B2C 电子商务顾客价值与顾客忠诚度的关系研究》（学位论文），浙江大学（2006 年）。

[②] 范秀成、罗海成：《基于顾客感知价值的服务企业竞争力探析》，载《南开管理评论》2003 年第 6 期，第 41-45 页。

[③] 杨晓燕、周懿瑾：《绿色价值：顾客感知价值的新维度》，载《中国工业经济》2006 年第 7 期，第 110-116 页。

[④] 孟庆良、韩玉启：《顾客价值驱动的 CRM 战略研究》，载《价值工程》2006 年第 4 期，第 27-30 页。

价值、社会价值、感知经济成本、感知非货币成本、感知旅游质量。① 国内感知价值的维度整理如表3-2所示。

表3-2 国内感知价值的维度整理

学者	感知价值的具体要素分析
范秀成、罗海成，2003	功能价值、情感价值和社会价值
杨晓燕、周懿瑾，2006	功能价值、情感价值、社会价值、绿色价值和感知付出
孟庆良、韩玉启，2006	功能价值、社会价值、情感价值、知识价值、感知成本
黄颖华、黄福才，2007	情感价值、社会价值、感知经济成本、感知非货币成本、感知旅游质量

资料来源：本研究整理。

三、互联网领域感知价值的维度

硅谷科技界的著名评论人罗伯特·斯考博（Robert Scoble）认为，在互联网迅猛发展的今天，网络技术不仅带动了计算机行业的发展，更是融入了人类的每个商业和生活场景中。他进而认为我们今天已经进入了场景时代，即虚拟和现实高度重合的时代：一方面，商业不再靠人流交际获得成功，更多的品牌甚至无须与人直接接触便可扩大经营且提高效率；另一方面，曾经被认为大幅降低了人际关系亲密度的现代科技现在或许可以用来恢复那种关系，例如，脸书记录了个

---

① 黄颖华、黄福才：《旅游者感知价值模型、测度与实证研究》，载《旅游学刊》2007年第8期，第42-47页。

人生活点滴的同时，通过时间轴线让人们再现过去那种亲密的感觉。①

现实中，人们需要学习和接纳这些突飞猛进，能够改变生活的网络技术，尝试去使用它们。因此，学术界将用户接触并使用这些新技术的过程中产生的感知价值大体上分为两大类：一类是在网络购物场景下的感知价值，这是线下购物场景向网络购物场景的转移，个人消费冲动比较容易成为人们接触购物网站的动因；另一类是人们接触和使用新技术的接受与采纳场景，个人出于对资讯的渴求或是新鲜好奇而去尝试使用类似门户网站、SNS 网站、移动 App 等便利个人生活的新应用。这类研究能够帮助我们了解受众使用社交媒体的动机。本节以平行模式的划分原则对互联网领域感知价值进行阐述。

（一）网络购物环境下的感知价值

柯尼（Keeney，1999）在网络购物研究中对电子商务顾客价值的讨论与泽斯曼相似，认为顾客价值是顾客购物时花费的时间、付出的金钱成本和购物后获得的产品或服务及心灵满足利益的净值。柯尼（Keeney）将网络购物的目标分为方法目标和基本目标两类，后者是网络购物的基本目的。② 我国学者查金祥在分析柯尼研究的基础上，认为他对顾客价值维度的划分只包含功能性价值和过程性价值两类，进而提出对电子商务网络顾客价值的"三分法"维度划分。查金祥认为网络购物环境下的顾客感知价值可以整体划分为功能性价值、程序性价值和社会性价值三类。③ 曼斯维克等（Mathwick et al.，2002）以霍尔布鲁克的平行模式为参考，构建了网络顾客的感知价值维

---

① [美] 罗伯特·斯考伯、[美] 谢尔·伊斯雷尔：《即将到来的场景时代》，赵乾坤、周宝曜译，北京联合出版公司 2014 年版。
② Keeney R L. "The Value of Internet Commerce to the Customer", *Management Science*, 45, no.4（1999）: 533 – 542.
③ 查金祥：《B2C 电子商务顾客价值与顾客忠诚度的关系研究》（学位论文），浙江大学（2006 年）。

度——外部/内部和主动/被动两个维度,讨论了不同购买渠道下的顾客价值的差异性。① 柯甘卡和翁宁(Korgaonkar & Wolin, 2005)从顾客购买需求的角度对顾客感知价值进行了实证分析,验证了产品的多重因素对网络顾客的感知价值的作用机制,表明了提高顾客感知价值需要企业更加重视同顾客的在线互动,同时降低顾客获取商品信息的成本,并诱导顾客主动搜索电商网站或者愿意接受电商信息等。② J. Han 和 D. Han 的研究指出,重视网络顾客感知价值的企业能够获得更好的发展。他们通过对网络购物的研究,将网络顾客感知价值分为两个层次:一是内容价值,指顾客在网络购物中所获得的基本利益,包括所购买产品或服务的使用价值;二是环境价值,即网络顾客在交易环境中所获取的利益。扩大两个价值的来源在于提高其内容价值,即产品质量及环境价值,例如提供个性化需求等。③

我国学者钟小娜(2005)对网络顾客的感知价值形成过程作了理论分析,提出了相应的模型,认为感知风险、感知利得和感知利失共同影响了网络顾客的感知价值,④ 但是其对该模型缺乏实证研究。孙强和司有和(2007)在模型构建的基础上对网络顾客的感知价值构成进行了实证分析,他们认为网络顾客的感知价值包括满意度和信任感知两个方面的内容。⑤ 张明立(2007)发现顾客的个人成长经历、社会环境以及社会地位等对顾客感知价值也有显著影响。⑥ 张鹏

---

① Mathwick C, Malhotra N K, Rigdon E. "The Effect of Dynamic Retail Experiences on Experiential Perceptions of Value: An Internet and Catalog Comparison", *Journal of Retailing*, 78, no.1 (2002): 51 – 60.

② Kograonkar P K, Wolin, L D. "A Multivariate Analysis of Web Usage", *Jounral of Advertising Reseacrh*, 39, no.2 (1999): 53 – 68.

③ Han J, Han D. "A Framework for Analyzing Customer Value of Internet Business", *The Journal of Information Technology Theory and Application*, 3, no. 5 (2001): 25 – 38.

④ 钟小娜:《网络购物模式下的顾客感知价值研究》,载《经济论坛》2005 年第 15 期,第 131 – 133 页。

⑤ 孙强、司有和:《网上购物顾客感知价值构成研究》,载《科技管理研究》2007 年第 7 期,第 185 – 187 页。

⑥ 张明立:《顾客价值:21 世纪企业竞争优势的来源》,电子工业出版社 2007 年版。

(2010) 以淘宝网为例,研究了"顾客到顾客"模式下的顾客感知价值,认为对顾客感知价值影响较多的因素除了顾客基本需求、个性化需求等因素以外,还有通过实证检验了的顾客感知价值的五个维度:情感价值、社会价值、价格价值、质量价值和安全价值。其中,对顾客感知价值中的情感价值和安全价值维度影响较大的因素是顾客参与。[1] 万苑微(2011)以理性行为理论和计划行为理论为基础,分析了网络顾客的感知价值与购买意愿的假设模型,并将感知利益、购买成本、感知风险作为感知价值的三个前置因素。[2] 管荣伟(2013)认为顾客感知价值是网络顾客重复购买的重要驱动因素,并分析了降低顾客感知风险、提高网络顾客感知价值的具体路径,包括构建公平信任的网络平台,发展物流、电子支付等相关产业,以及改善网络安全三个方面。[3] 潘广锋对顾客价值维度的划分遵循了查金祥的"三分法"原则,将顾客价值分为功能价值、情感价值和社会价值三个维度,并研究了顾客价值对网站特征和品牌忠诚的中介作用。[4] 李雪欣和钟凯(2013)构建了网络顾客感知价值的维度模型,并通过对网络购物的消费问卷调查验证了其四个维度,即产品感知质量、网站感知质量、购买成本和感知风险。其中,前三个维度对感知价值有着正向影响,后一个维度对感知价值具有负向影响。[5]

---

[1] 张鹏:《C2C 模式下顾客参与对顾客感知价值的影响研究》(学位论文),东北财经大学(2010 年)。
[2] 万苑微:《感知利益、感知风险和购买成本对网络消费者购买意向影响的研究》(学位论文),华南理工大学(2011 年)。
[3] 管荣伟:《网络购物环境下消费者感知价值提升路径探讨》,载《商业时代》2013 年第 34 期,第 54 - 55 页。
[4] 潘广锋:《网站特征对互联网品牌忠诚的影响机理研究》(学位论文),山东大学(2013 年)。
[5] 李雪欣、钟凯:《网络消费者感知价值影响因素的实证研究》,载《首都经济贸易大学学报》2013 年第 3 期,第 77 - 84 页。

(二) 网络使用与采纳环境下的感知价值

Bourdeau 等人 (2002) 对高校大学生使用电子邮件和访问网站进行对比研究,认为大学生在网络使用与采纳环境下的感知价值包括五个维度,即社会价值、学习价值、享乐价值、购买价值和功利主义价值。大学生访问网站的主要目的是享受娱乐和学习知识,而使用电子邮件主要是因为重视电子邮件的沟通功能,是感知价值中社会价值的反映。[①] 董大海和杨毅 (2008) 在心理学、信息系统和消费者行为学中手段—目的链思想的指导下,将网络环境下的消费者感知价值分为结果性感知价值、程序性感知价值和情感性感知价值。[②] 杨爽等 (2010) 通过对社交网站的感知价值的研究,将其分为社会资本、情感支持、沟通效率、工具价值和娱乐体验五个维度。[③] 吴晓波等 (2012) 通过对3G用户的实证研究,将感知价值分为感知有用性、感知易用性、感知形象提升、感知使用成本四个维度,并实证检验了感知价值对品牌满意度有正向的显著作用。[④]

学界在具体领域里的感知价值研究普遍采用了平行模式的维度划分方式。下节关于感知价值在互联网领域的两个场景下的维度划分也采用了类似的方式。本研究综合上述研究并参考 Sheth、范秀成、查金详等的观点,认为社交媒体感知价值的维度至少应包括以下四个方面:工具价值、个人交往价值、娱乐价值、情感价值。

[①] Bourdeau L, Chebat J C. "Internet Consumer Value of University Students: E-mail- vs. - Web Users", *Journal of Retailing & Consumer Services*, 9, no. 2 (2002): 61 – 69.

[②] 董大海、杨毅:《网络环境下消费者感知价值的理论剖析》,载《管理学报》2008年第6期,第856 – 861页。

[③] 杨爽、周星、邹俊毅:《SNS 用户感知价值的构成维度对关系质量影响的研究》,载《消费经济》2010年第6期,第63 – 67页。

[④] 吴晓波、周浩军、胡敏:《感知价值、满意度与继续使用意向——基于3G用户的实证研究》,载《心理科学》2012年第4期,第943 – 950页。

四、社交媒体感知价值

根据对传统领域及互联网领域感知价值维度的阐述，我们首先将社交媒体感知价值归结为以下四个方面：①工具价值，反映了社交媒体用户对社交媒体功能的效用感知；②个人交往价值，体现了社交媒体对网络社会连接和人类交往需求的感知；③娱乐价值，是大众文化在新媒介中的具体体现；④情感价值，用户将社交媒体作为个性情绪释放的渠道，是人类的压力场景向网络转移的体现。在各类社交媒体上，这四类价值都各有侧重地体现出来，本节将具体讨论每类价值的表现形式和驱动因素。

（一）工具价值

佰恩（Burn，1995）将工具价值视为一种产品的使用价值。从品牌角度可将工具价值理解为产品物理属性的依附，是品牌功能的一种具体体现。社交媒体的工具价值可以分为基础的社交功能及其所附属的延展功能两大类，前者是社交媒体的核心功能，其他的附属功能都在技术变革和用户需求中围绕社交功能展开。随着网络产品或服务的功能越来越完善，社交媒体也能够吸引更加广泛的用户群体，使得社交媒体的竞争力越来越强，甚至超过了产品设计之初的构想。①

本研究认为工具价值是指人们在社交媒体使用过程中形成的对媒体本身所提供的具体功能的主观感知，反映了媒体产品或服务的效用与使用价值。

---

① 李玉洁：《微博在大学生群体中扩散规律的实证研究》（学位论文），成都理工大学（2011年）。

1. 工具价值的形成原因

社交媒体工具价值的形成主要源自个人心理的交往动机。社交媒体的产品设计及衍生应用的开发都是围绕着如何拓展用户群体规模和增加用户黏性展开的。赵德华和王晓霞（2005）对个人网络交往的动机作了探讨和总结，从理论上分析了网民在网络社交中为了满足个人展示和实现自我、个人线上线下角色转换等六种不同的个人需求，构成了网络社交的动机。[①] Papacharissi 和 Rubin（2000）将使用与满足的相关研究应用到新媒介环境中，发现用户在进行网络社交的时候，既获得了人际交往需求的满足，如熟人间的沟通、情感交流或宣泄情绪等，又获得了基于传统媒介的信息及休闲需求的满足，如获取信息、消磨时间等。同样地，赵欢欢和张和云（2013）研究了大学生网络交往的动机，并讨论了网络交往动机与网络利他行为之间的关系。该研究表明，网络交往动机和网络利他行为有着显著的正相关关系，且通过中介变量影响着网络利他行为。[②]

根据前人的研究可以将社交媒体的交往动机总结为人际交往、信息获取以及娱乐等需求。这些动机促使受众与社交媒体之间形成一种稳定的关系，满足了人们使用社交媒体的强烈欲望。同时，我们还应该看到，随着 3G、4G 网络技术的成熟应用，在移动端兴起的移动支付领域，社交媒体也扮演着重要的角色。社交媒体已经嵌入了网络购物和微信钱包等电商应用产品，能够给用户提供类似打车、电影购票等生活服务。这种将线下服务移植到线上的新技术，为受众提供了一个虚拟场景，让受众获得了更好的体验。因此，社交媒体的交往动机可以分成两大类：一是对个人信息的获取以及增强个人工作和生活中人际联系的需求；二是对移动互联网下兴起的便利性的需求。

[①] 赵德华、王晓霞：《网络人际交往动机探析》，载《社会科学》2005 年第 11 期，第 119–124 页。

[②] 赵欢欢、张和云：《大学生网络交往动机与网络利他行为：网络人际信任的中介作用》，载《心理研究》2013 年第 6 期，第 92–96 页。

2. 工具价值的具体表现

工具价值根据个人交往动机的需求同样可以分为两个方面：一是满足用户的核心需求；二是满足用户的延展性需求。

（1）满足用户的核心需求——即时信息的发布与获取

对于以微博、脸书等为代表的社交媒体来说，信息的发布与获取是其最重要的功能，其基本特征是，在任何终端设备上（包括 PC 端和移动端）都能够进行个人发布。发布内容包括日常生活中的各种所见、所闻、所感，例如，微博的品牌口号就是"随时随地发现新鲜事"。这种发布不受时间和地点的限制，用户能够随性而为。微博的每条信息长度在 140 字以内（长图片微博除外），这种信息呈现方式适应了目前碎片化的传播方式和快餐式的生活方式。还有一类专注于某一特征功能的社交媒体，例如，脸书在 2012 年所收购的照片墙就是一家以图片社交为特色的社交媒体企业。该企业最具特色之处就是由照片形成社交网络，是一家仅有 10 多人的团队就创造了 10 亿美元价值的社交媒体企业。照片墙的核心功能是为用户提供丰富的滤镜选择，同时提供基于位置的服务（location-based services，LBS），用户不仅可以用手机拍摄出具有艺术特色的照片，而且可以在照片中添加地理信息，还可以将照片分享到脸书、推特这些社交媒体上。

很多用户都是在等待登机、等车、会议间隙等闲暇时间发布图片、个人心情等信息，这类信息能够让用户身边的亲朋好友较为迅速地掌握用户个人的生活状态、个人偏好及对公共事件的真实态度。与此同时，关注者们也能够对发布者的信息进行评论和转发。相对于频繁发布信息的人来说，社交媒体平台中大多数用户既是传者，更是受者。更多的用户通过关注自己感兴趣的"大 V"[①] 或者热点话题了解最新的个性化的时事动态，从而聚类成一个稳定的网络社群。

与传统的新闻信息接收渠道相比，一方面，目前的微博、微信的实名机制在一定程度上保证了信息本身的可靠性，诸多虚假信息在事

---

① 指在新浪、腾讯、网易等微博平台上获得个人认证，拥有众多粉丝的微博用户。

后也能得到修正;另一方面,用户通过社交媒体平台找到了与自身利益相关的需求点,通过关注这些需求点,能够提高自身的新闻信息处理效率,降低信息接收的成本,极大提高了社交媒体平台的新闻价值。[①] 当前社交媒体虽然面临着各种对其在信息真实性及完整性方面的批评,但是仍然获得了市场和公众的认可。尤其在出现突发新闻的情况下,社交媒体所提供的功能能够有效地帮助用户获取和筛选对自己有价值的信息内容。[②]

(2) 满足用户的延展性需求——纷繁多样的网络应用

伴随着移动互联网的普及,越来越多的个人诉求被释放出来。为了满足不同群体多样化的延展性需求,基于社交媒体的纷繁多样的网络应用被开发出来,并渗透到个人生活的诸多方面,使得用户对社交媒体的感知价值逐步提高。例如,推特为了便于用户查找有用信息而推出了 Twitter Search 功能,其对即时信息的汇总这一功能,使得推特能够发挥更大的功能价值。当然,Twitter Search 与谷歌还是有功能上的差异的,前者只对用户推荐部分进行收录,而后者是建立在触网的全部信息基础上的,算法也更加复杂,但是,Twitter Search 在满足用户对信息的需求上更具有效率。同时,推特开放了第三方开发端口,接入了大量的社交应用程序,提高了其应用功能。

对于国内社交媒体,微信在设计之初的主要定位是移动端的信息和语音交流的即时通信工具(IM)。微信从 2011 年发布到 2015 年,其版本达 57 个之多。在这 50 多个版本中,产品的功能不断扩展,微信从最初的即时通信软件,逐步迭代成为现在的集即时通信、图片视频分享、网络金融、手机游戏、电商、线上支付等于一体的移动互联网平台。每一次的版本升级都是腾讯在微信品牌化过程中的一次试探性尝试。有的后期版本将一些不必要的功能进行了调整和隐藏,这是

---

① 喻国明:《微博价值:核心功能、延伸功能与附加功能》,载《新闻与写作》2010 年第 3 期,第 61-63 页。
② 喻国明、欧亚、张佰明等:《微博:一种新传播形态的考察——影响力模型和社会性应用》,人民日报出版社 2011 年版。

产品迭代中试错修复的体现。迭代最大的优点是及时的用户反馈功能，这样可以快速地调整产品的方向，避免在无用的功能上浪费时间和精力，减少风险。对微信而言，这一产品迭代过程是其品牌化实施的结果。微信已经从刚开始的"能发照片的免费短信"变成"最受青睐的手机通信软件"。

软件的更新次数即代表产品的迭代次数，产品迭代反映了品牌的自我修复能力。社交媒体中的微博、微信就是迭代产品的代表，尽管出现的时间较短，但从诞生之时起就在不断满足用户的延展性需求，增加用户黏性，从而令其表现出强大的生命力和巨大的发展潜力。

3. 体现工具价值的测项

根据对工具价值相关文献的整理和描述，本研究将体现工具价值的测项进行了归纳整理，具体如表3-3所示。

表3-3 工具价值的测项

序号	测项	参考文献
1	获取有价值的新闻内容	Sheth, Newman, Gross, 1991; Sweeney et al., 2001; Keller, 2001; 范秀成、罗海成, 2003; 杨晓燕、周懿瑾, 2006; 孟庆良、韩玉启, 2006
2	了解最新的公共话题和突发事件	
3	获取本地资讯	
4	工作中利用社交媒体进行工作联系	
5	利用社交媒体进行手机支付	
6	利用社交媒体进行购物	
7	利用社交媒体进行话费充值	
8	利用社交媒体进行个人理财	
9	个人利用社交媒体进行创业	
10	企业利用社交媒体进行人事招聘	
11	人们利用社交媒体进行简历投递	

资料来源：本研究整理。

(二) 个人交往价值

媒介是人类交往过程中表达信息的载体。浙江大学邵培仁教授将人类的传播形态划分为五个阶段[①]：一是语言传播阶段，二是文字传播阶段，三是印刷传播阶段，四是电子传播阶段，五是网络传播阶段。虽然人类有着几千年的人际交往历史，但是人际交往的价值在互联网时代才得到了真正的体现。单一的人际交往（例如日常聊天）不能为传播媒介带来收益，但是网络的出现，让人际交往为社交媒体企业带来了收益。本研究认为，交往价值是用户在社交媒体使用过程中感知到的网络效应的聚集，简单来说，就是单一用户的单一交际是不能产生交往价值的，只有用户采用统一的社交媒体平台进行聚集交流，交往价值才能产生。

1. 个人交往价值的形成原因

个人交往价值形成的主要原因是网络的外部效应。在早期的人类交往中，由于传播技术的限制，人类交往局限在一定的范围之内。随着网络技术的发展，个人对交往的需求日益增长，以及各类信息产品在互联网中蔓延，网络外部效应开始凸显。人们生产和使用信息产品的目的是更好地进行个人交往，而这类交往性信息产品的使用成本与用户数量的增加有着密切联系。在交往人群较少的情况下，交往群体需要承担高昂的信息产品使用成本，这也限制了交往群体在物理空间和网络空间上的扩张。然而，随着交往群体规模增长到一定的程度，规模经济的效应开始凸显，庞大的交往群体所承担的费用在用户数量巨大的情况下被分摊，人们因此能够获得更大的交往空间，其价值效应也开始凸显。这一现象在经济学中被称为网络外部性（network externality）。

---

① 邵培仁：《论人类传播史上的五次革命》，载《中国广播电视学刊》1996 年第 7 期，第 5–8 页。

1974年，罗尔夫斯（J. Rohlfs）提出网络外部性的概念，同时他认为网络外部性与规模经济有着密切联系。也就是说，在社交媒体领域，社交媒体平台的用户数量随着其他平台使用者数量的增加而增加，从而带来了整个平台上用户规模的扩张，这就使得社交媒体平台具有网络外部效应。卡茨和夏皮罗（Katz & Shapiro，1985）认为网络外部效应在产品的用户数量与产品的效用之间产生了显著作用。[1] 郭渊静（2010）认为网络外部效应的应用广泛，在电信、航空等传统经济领域均存在着相应的网络外部性。[2] 在社交媒体的研究领域，熊莎（2013）以微信为例，通过实证研究验证了在社交媒体用户使用意愿的影响因子中，网络外部效应列居首位。[3] 也正是由于网络外部效应，社交媒体才有了自己的受众，实现了社交媒体的价值扩张。

或许用户主观上并未怀有为他人创造价值的心态，但这种网络外部效应就像"无形的手"，让每个人在使用社交媒体产品或服务时，从客观上推进了整体价值的提升。这种效应在互联网的广泛使用，能迅速使社交媒体获得大量的用户。而在网络经济中，用户的数量决定了网络的流量，对企业而言，流量就是命脉，没有了流量，就无所谓企业的商业价值。因此，网络的外部效应是社交媒体用户交往价值的来源。

2. 交往价值的具体表现

中国互联网络信息中心（CNNIC）发布的《2013年中国社交类应用用户行为研究报告》反映了当前互联网用户对社交媒体的实际使用情况。该报告指出，从人际交往的关系强弱来看，微信的人际关系联系强于微博。这种人际关系的强弱成为社交媒体交往价值的具体

---

[1] Katz M L, Shapiro C. "Network Externalities, Competition, and Compatibility", *The American Economic Review*, 75, no. 3 (1985): 424–440.

[2] 郭渊静：《巧用网络外部性掘金增值业务》，载《中国电信业》2010年第3期，第62–65页。

[3] 熊莎：《国内移动社交用户使用意愿的影响因素研究》（学位论文），北京邮电大学（2013年）。

表现，包括陌生人之间的交往、半熟人之间的交往以及熟人之间的交往三类。这三类交往虽然在人数规模、交往长度上有差异，但是对于社交媒体而言，既可以从熟人之间的交往向陌生人之间的交往拓展其价值，也可以反其道而行之。从熟人之间的交往向陌生人之间的交往拓展的社交媒体，比较典型的是微信。微信早期拓展用户的时候，利用QQ好友及手机号码进行社群扩张，其聚合模式是典型的熟人模式；[1] 同时又开始结合公众号、朋友圈分享等向半熟人发展，甚至通过摇一摇附近的人，向陌生人发展。从陌生人向熟人发展的社交媒体的代表是陌陌。陌陌早期利用地理位置进行好友聚合，主要的联系人是陌生人，然后通过兴趣小组向半熟人及熟人过渡。

交往价值的具体表现也体现了人际联系强度，联系强度的强与弱反映了人际的可信任程度。熟人之间交互频繁，有稳定的群组活动，信任基础深厚，信息传播可信度会提升。微信正是从不同的渠道拓展了个人交往价值。

（1）陌生人之间的交往

交往关系的强弱与信息传播质量成正比，交往关系越弱，信息可信度也越低，进而会影响信息传播的质量。[2] 由于陌生人之间缺少交互，没有稳定的群组活动，信任淡薄，处于一个冷漠的状态，所以陌生人之间的交往最大的问题是信任重构。但是，利用陌生人之间的交往价值对社交媒体早期发展有着积极的作用，建立陌生人之间的交往关系是向熟人之间的交往关系迈进的第一步。

我国的社交媒体陌陌就是以"陌生人社交"为产品定位的一款"基于地理位置的移动社交产品"。陌陌最初以地理位置信息交往为目的，通过"附近的人"等方式进行网络社交。2014年5月，陌陌正式发布了"总有新奇在身边"系列品牌广告，将以"陌生人社交"

---

[1] 谢新洲、安静：《微信的传播特征及其社会影响》，载《中国传媒科技》2013年第11期，第21-23页。

[2] 陈云：《中国社交类应用用户行为研究》，载《互联网天地》2014年第1期，第57-63页。

为定位的社交模式转换成以"兴趣爱好"为契合点的社交模式。虽然在这一节点，陌陌的推广策略发生了重大转变，但是其通过挖掘地理位置信息，将用户间的线上关系转换为线下关系，从而实现了陌陌在品牌核心价值定位上的自适应，即不再局限于陌生人社交，而是利用这些关系将用户沉淀下来，突出兴趣社交，更好地发展熟人关系。经过这一模式的转变，陌陌的注册用户数量已近2亿，日活跃用户数量已超过6000万，最终于2014年11月在美国纳斯达克上市。

微博是一个从熟人之间的交往关系向陌生人之间的交往关系转移的案例。微博在发展之初是朋友间公开交流的工具，由于其具有公开特性，朋友间的互动逐步减少。目前，微博已经向公共媒体转型，基于其媒体属性，突出了明星、"大V"等意见领袖的中心性，其聚合的群组还是以弱关系或陌生人为主的，缺少深度的交互。由于微博用户间的主要关系是弱关系，陌生人之间的信任成为制约微博流量的最大问题。所以，微博目前的主要策略是加强微博社区中的强关系，构建微博平台的公信力。

（2）半熟人之间的交往

这是一个细分市场的定位，其实每个人都存在着一个半熟人的社交圈。网络社交媒体中比较典型的用半熟人之间的交往价值为自身服务的是领英，它成立的时间甚至比脸书还早。领英主要是以职场交往为主，目前全球使用人数已经超过3亿。它是以"职场公开档案"的形象出现在公众面前的，并加入了社交互动元素。与其他社交媒体不同的是，它的客户来自各大企业，本身定位于职场，所以，社交互动的主要内容也相对单一。

其他社交媒体没有像领英这样将半熟人之间的交往价值作为自身开发的重点，而是主要将其作为由陌生人向熟人过渡的一个阶段。以腾讯QQ为例，QQ最初是一款基于陌生人的社交媒体，随着移动互联网的发展，QQ从陌生人的弱关系社交工具逐渐转变成基于特定圈的强社交工具。当圈内社交市场达到饱和时，基于兴趣爱好与价值观的半熟社交成为"兵家必争之地"。于是，社交市场中侧重半熟社交、弱化圈内社交的社交媒介应用应运而生。在此基础上，微信构建的"熟人与陌生人并存的社交关系圈"的核心价值得到了确定，迎合了现代社会人群的社交心理，获得了巨大成功。当然，在这个过程中，如果没有确立一个核心的价值观，则会导致社交媒体产品成为媒介生态变化的牺牲品。而在把握好品牌核心价值的基础上，通过对品牌定位的适当微调即可以获得更好的市场地位。

（3）熟人之间的交往

在互联网时代，随着每一个用户所获取的消费价值呈跳跃式增长，用户之间关系网络的建立给企业带来的价值也随之增长。以腾讯QQ为例，作为我国用户数量最大、使用范围最广的即时通信工具，其于2000年发布之时正值我国互联网产业萌发期。它的出现，在便利沟通、促进交流方面起到了重要作用：QQ可以添加熟人或陌生人为聊天对象，向其发送文字、图片，让接收者即时或延时共享自己生活中的各种信息。2002年，其注册账户数量破1亿，同时在线人数最高超过百万，随之而来的是用户数量呈倍数增长。2003年，其用户数量再增加了一倍；到2009年9月，注册账户数已达到10.57亿；截至2022年3月，QQ的移动终端月活跃用户数为5.64亿[①]。QQ使用人群快速增长的关键就在于它捕捉了网络外部效应，即通过用户聚合，不断使人与人之间的关系网络增值，最终变成社交生活的必需品。中国互联网用户规模的高速增长，不仅造就了一批本土媒介，同时也形成了防守壁垒，牢牢掌握着先占优势，这就是目前我国熟人之间交往的社交媒体市场的现状。

3. 体现交往价值的测项

根据对交往价值相关文献的整理和描述，本研究将体现交往价值的测项进行了归纳整理，具体如表3-4所示。

---

① 此数据来自腾讯历年年报。

表3-4 交往价值的测项

序号	测项	参考文献
1	社交媒体的使用让我有兴趣同陌生人进行互动	Sheth, Newman, Gross, 1991; Bourdeau, 2002; 范秀成、罗海成, 2003; 杨晓燕、周懿瑾, 2006
2	社交媒体的使用让我和不熟悉的朋友之间的联系增加了	
3	社交媒体的使用让我和同事之间彼此熟悉起来	
4	社交媒体的使用让我和朋友之间的联系增加了	
5	社交媒体的使用让我和家人之间的联系增加了	

资料来源：本研究整理。

（三）娱乐价值

1. 娱乐价值形成的原因

人们通常认为当下所处的社会是一个"信息社会"：我们拥有24小时滚动播出的电视新闻，能够随时随地上网看在线报纸，在线下载大量图书，利用移动终端设备接收最新的信息、邮件以及新闻；维基百科已经成为一种协同式分享机器；电子邮件将职业生活的实践信息化。这一切都在我们身边发生着，这个时代我们对信息的接触程度是史无前例的。特纳（2011）认为，我们不仅仅是生活在一个数字驱动的网络时代，更是生活在一个娱乐化的媒介社会。然而，无论是报纸、电视、杂志，还是互联网，我们的媒介工业已经欣然迎合了这个社会的商业策略：将信息转变为娱乐。① 业界在电视工业时代就提出过"信息娱乐"这一说法，目前，这一现象已经在互联网时代重复地出现，尤其是在社交媒体日益兴盛的今天，无数的娱乐信息和游戏在微信、微博上泛滥。打开微博的实时热搜栏目，娱乐信息占据着榜

---

① ［澳］格雷姆·特纳：《普通人与媒介——民众化转向》，徐静译，北京大学出版社2011年版。

单前十位的半数以上。腾讯公司财务报表显示，七成以上的收入来自游戏，手机游戏成为腾讯利润新的增长点，而微信、QQ 的游戏应用更是为腾讯带来了丰厚的收益。

　　本研究认为，娱乐价值来源于大众传播媒介的娱乐功能以及电子游戏产业的升级再造。而娱乐本身是大众传播媒介固有的属性，在传统的媒介功能基础上增加了娱乐和动员两项功能。美国传播学学者施拉姆（Wilbur Schramm）也认为娱乐功能是大众传播媒介的主要功能之一。在当今的互联网时代，"泛娱乐化"的新闻正在悄然蔓延，大量的娱乐信息充斥着各类新闻传播渠道。社交媒体领域里，各类娱乐信息占据着搜索的头条，媒介传播呈现出一种娱乐化趋势。

　　需要说明的是，不论有没有社交媒体，流行文化的娱乐化都早已泛滥。然而，当今的媒介工业体系处在媒介信息出口和媒介信息平台成倍增加而内容越来越碎片化的条件下，由于传统媒介自身的体制限制，其正在迅速丧失与市场化相匹配的发展动力。在现有的媒介工业体系下，广告商们关注的是所谓的"点击率""单次点击成本"等指标，即整个社会的"注意力"，这就导致媒介工业越来越关心寻找新的方法和新的平台去提升这些指标。对绝大多数的大众媒介市场而言，为媒介的核心受众提供娱乐这项基本需求，能够有效地整合碎片化的市场对媒介工业的冲击。所以，我们认为，社交媒体娱乐化的价值本身不是社交媒体所特有的，而是在当前信息社会之下，被社交媒体的基本功能和市场定位利用和放大了。

2. 体现娱乐价值的测项

　　根据对娱乐价值的相关文献进行的研究，本研究将体现娱乐价值的测项进行了归纳整理，具体如表 3-5 所示。

表 3-5　娱乐价值的测项

序号	测项	参考文献
1	社交媒体上能找到休闲话题	Babin et al., 1994; Pine, 1998; Mathwick, 2002; 杨爽、周星、邹俊毅, 2010
2	社交媒体上能获得偶像的信息	
3	社交媒体上可以分享和获得音乐	
4	社交媒体上能够看到有趣的视频	
5	社交媒体上有好玩的游戏	

资料来源：本研究整理。

（四）情感价值

用户通过点赞、转帖、评论等简单易学的操作，将个人情感转移到社交媒体平台上，使得单一信息能够获得多次传播，信息价值及社交媒体的平台价值由此得以体现。在这一过程中，社交媒体的价值与媒体感知价值呈现螺旋式无限靠近的趋势，达到了品牌传播的目的。同时，社交媒体与受众之间也建立起了一种牢不可摧的关系，有效地控制并保持着受众群体的增长，避免受众流失，构建起受众的忠诚度。

本研究将社交媒体受众的情感价值定义为用户在社交媒体使用过程中个人情绪释放的符号化表达。社交媒体受众的情感价值体现在转发、点赞和评论等行为中。

1. 情感价值形成的原因

本研究认为情感价值形成的原因包括以下两个方面。

（1）极简主义的文化背景

苹果公司崇尚的极简主义文化在网络时代成为风潮，甚至成为当今互联网文化的一个新趋势。在社交媒体领域，交流的简单化及快速化是极简主义的明显特征。尤其是在脸书、推特、新浪微博、微信等兴起之后，只要社交媒体用户的内容符合法律，每个人都能快速、方便地成为信息的创造者与传播者。在社交媒体平台上，用户的每个观点都可以毫无保留地自由表达出来，使用碎片化、去中心化和叙事小型化的网络交流方式将自己的个人生活在圈子内公开或半公开地进行传播。

在极简主义的文化背景下，社交媒体用户在碎片化的时间内以高效、快捷的方式表达自身感情，这样更加速了社交媒体平台在情绪表达上快速机制的生成。例如，一个点赞、一个转发就能将个人情感表达出来，发布者节约了反馈时间，提高了信息处理的效率，能在有限的时间内与更多的人进行互动交流，从而提高了社交媒体的互动频率，增加了流量和点击率。

（2）个人的心理认同感

现代社会的快节奏及高速流动性让个人游走在虚拟与现实之间。个人将现实中的矛盾移情于虚拟的网络社会所构筑的人际关系中，并通过现实的参考体系形成对网络信息的自我反思，由此形成了个人在网络中的自我认同的过程。个人在网络中对他人言论的评论和点赞等行为，就是其现实中自我情感表达在虚拟网络中的投射。

这种认同的实质是个人情感在网络社会中的扩散，也是因某种情感所聚合的人们进行社交圈扩展的过程。社交媒体被人们更多地认同为这一情感表达的渠道。虽然这种人际交往出现在虚拟的环境中，但是仍然驱使着用户群体通过自身情感的交流、点赞等快速回应的互联网符号表达出来。这样的表达同时也促成了社交媒体平台的情感价值。

2. 情感价值的具体表现

一方面，社交媒体所形成的情感价值，能够为用户提供时空分离、多样化的交流模式，让用户通过简单的网络符号（例如流行一时的流氓兔、韩梅梅等表情符号）、功能设置（例如点赞、转帖等）等方式快速释放自我，增强与网络社群的联结。王斌（2014）对"点赞"现象进行研究，认为无声的语言符号促成了整个网络用户的自我认同。① 另一方面，这种网络情感价值也会造成社交媒体中的群体极化，有损其用户的情感价值，会对社交媒体平台的品牌建设造成伤害。美国学者卡斯·H.桑斯坦（Cass Sunstein, 2003）分析了网络社会中的群体极化现象。② 桑斯坦认为，网络中的群体极化与传统的群体极化现象一样，最初都是部分群体对某些议题带有偏见，当人们在网络中充分讨论之后，各自的观点得到了强化，持有相同观点的人更容易聚合在一起形成强大的舆论，这时，群体极化现象就凸显了出来。在桑斯坦看来，群体极化现象不可避免，只是在网络环境下形式上显得更为极端。③ 群体极化现象的出现包括两个方面的原因：首先是由社会竞争及生活节奏的变化造成的社交媒体用户心理结构的失衡；其次是社交媒体用户主动将社交媒体这一网络虚拟平台作为其情感宣泄的渠道，发泄现实中的不满情绪，而不考虑其情感表达的社会影响。④

3. 体现情感价值的测项

根据对情感价值的相关文献进行的研究，本研究将体现情感价值的测项进行了归纳整理，具体如表3-6所示。

---

① 王斌：《"点赞"：青年网络互动新方式的社会学解读》，载《中国青年研究》2014年第7期，第20-24页。
② [美]卡斯·H·桑斯坦：《网络共和国——网络社会中的民主问题》，黄维明译，上海人民出版社2003年版。
③ 郭光华：《论网络舆论主体的"群体极化"倾向》，载《湖南师范大学社会科学学报》2004年第6期，第110-113页。
④ 相喜伟、王秋菊：《网络舆论传播中群体极化的成因与对策》，载《新闻界》2009年第5期，第94-95页。

表 3-6 情感价值的测项

序号	测项	参考文献
1	社交媒体的使用让我感觉到心情愉悦	Sheth, Newman, Gross, 1991; Sweeney et al., 2001; 范秀成、罗海成, 2003; 杨晓燕、周懿瑾, 2006; 董大海、杨毅, 2008
2	社交媒体的使用让我感觉到被他人认可	
3	在社交媒体使用过程中,我感觉到自己的观点被重视和肯定	
4	社交媒体的使用让我能够释放压力和情绪	

资料来源:本研究整理。

本章小结

本章首先从传统媒介领域的感知价值维度出发,对传统领域的感知价值维度模式进行了梳理,将其归纳为"利得-利失模式""分层模式""平行模式"三类。然后,提出本研究所采用的媒体感知价值维度的划分原则。接着,在互联网领域里通过讨论在两类不同的网络情景下采用的"平行模式"来分析感知价值,将社交媒体感知价值分为工具价值、个人交往价值、娱乐价值和情感价值四类,并分别做了阐述。最后,根据前人提出的量表和文献,结合对社交媒体的分析,列出四类维度下的量表测项(见表 3-7),为下一章进行实证检验和论证提供参考。

表 3-7 媒体感知价值维度测项综合

序号	维度	测项	参考文献
1	工具价值	获取有价值的新闻内容	Sheth, Newman, Gross, 1991; Sweeney et al., 2001; Keller, 2001; 范秀成、罗海成, 2003; 杨晓燕、周懿瑾, 2006; 孟庆良、韩玉启, 2006
2		了解最新的公共话题和突发事件	
3		获取本地资讯	
4		工作中利用社交媒体进行工作联系	
5		利用社交媒体进行手机支付	
6		利用社交媒体进行购物	
7		利用社交媒体进行话费充值	
8		利用社交媒体进行个人理财	
9		个人利用社交媒体进行创业	
10		企业利用社交媒体进行人事招聘	
11		人们利用社交媒体进行简历投递	
12	交往价值	社交媒体的使用让我有兴趣同陌生人进行互动	Sheth, Newman, Gross, 1991; Bourdeau, 2002; 范秀成、罗海成, 2003; 杨晓燕、周懿瑾, 2006
13		社交媒体的使用让我和不熟悉的朋友之间的联系增加了	
14		社交媒体的使用让我和同事之间彼此熟悉起来	
15		社交媒体的使用让我和朋友之间的联系增加了	
16		社交媒体的使用让我和家人之间的联系增加了	

续表 3-7

序号	维度	测项	参考文献
17	娱乐价值	社交媒体上能找到休闲话题	Babin et al., 1994; Pine, 1998; Mathwick, 2002; 杨爽、周星、邹俊毅, 2010
18		社交媒体上能获得偶像的信息	
19		社交媒体上可以分享和获得音乐	
20		社交媒体上能够看到有趣的视频	
21		社交媒体上有好玩的游戏	
22	情感价值	社交媒体的使用让我感觉到心情愉悦	Sheth, Newman, Gross, 1991; Sweeney et al., 2001; 范秀成、罗海成, 2003; 杨晓燕、周懿瑾, 2006; 董大海、杨毅, 2008
23		社交媒体的使用让我感觉到被他人认可	
24		在社交媒体使用过程中,我感觉到自己的观点被重视和肯定	
25		社交媒体的使用让我能够释放压力和情绪	

资料来源：本研究整理。

第四章　媒体感知价值的量表开发

本研究旨在探讨媒体感知价值和品牌资产之间的关系,"媒体感知价值"这一概念是需要进行准确和科学的测量的。在传统的感知价值研究中,尚缺乏对于网络品牌特别是社交媒体品牌所进行的研究,对传统商品的顾客感知价值的研究不能简单延伸到互联网领域,所以,对于社交媒体品牌的用户感知价值的测量需要我们进行创新性的研究。

目前,在顾客感知价值的研究领域有很多测量量表,但是不能简单将其套用于社交媒体研究中。我们已经知道的比较常见的顾客感知价值量表有泽斯曼(1988)所开发的量表,国内学者已经将之用于感知价值方面的研究。在我国,一方面,因东西方文化的差异性,受众的行为模式也存在着较大的差异;另一方面,传统商业中的顾客与互联网用户的消费和行为习惯有着极大的不同。鉴于上述两方面的原因,即使我们可以借鉴西方所开发的量表,也仍需开发出针对我国媒体感知价值可以准确测量的量表,这对于国内媒体感知价值研究来说十分必要。

一、媒体感知价值的量表初探

量表开发来自心理统计领域的扩展。杜肯(Duncan,1984)指出,[①] 心理统计方法在社会科学中的影响已经超越了最初的感觉测量

---

① Duncan O D. *Notes on Social Measurement: Historical and Critical*. Russell Sage Foundation, Inc., 1984: 12–13.

和智力测量领域。现在，它已经成为一种独立的方法论范式。为了保证量表的科学性和规范性，量表开发应遵循标准的开发流程。德维利斯（Devellis，2003）将量表开发总结为七个步骤，[①] 如图4-1所示。

一是明确测量的目的。为了测量用户感知价值对品牌资产的作用机制，首先需要确定用户感知价值的内涵和外延，明确其主要的构成维度。因此，在前人研究的基础上，本研究对用户感知价值的各类定义作了梳理，明确了泽斯曼和帕拉苏拉曼等对其概念的测定内容。

二是建立题项池，选择反映量表目的的题项进入题项池。首先对有关的文献进行整理分析，从中得到初始维度和题项。通常题项池中的项目数量可以是题项数量的三到四倍，因此，一个包含10个题项的量表需要一个大约有40个题项的题项池。本研究对用户感知价值形成部分的题项采用了文献研究加焦点小组的方式完成，确定了感知价值的初始题项，以及中西方学者在研究感知价值方面所确定的测量维度。

三是决定题项形式。同样的问题可以用多种形式来呈现，既可以选择瑟斯顿型量表（Thurstone scale），也可以选择古特曼型量表（Guttman scale）。本研究则采用李克特型量表（Likert scale）：题干采用陈述句形式，伴随的备选项是对所陈述内容的赞同或认可程度。

四是专家评审初始题项池中的题项。请本学科领域的专家对入题项池的题项进行评审，使得量表的内容效度最大化。对比中西方学者的传统顾客感知价值测量维度与互联网及社交媒体环境下的用户感知价值测量维度的差异，进而向该领域的专家请教，更科学地确定社交媒体的用户感知价值的维度。

五是加入校验性项目。调查对象对题项的回答有可能不是题项本身的因素导致的，因此，有时候问卷中会加入社会赞许性量表以研究个体项目在多大程度上受到了社会赞许性的影响（Strahan和Gerbasi，1972）。

[①] Devellis R F. *Scale Development: Theory and Application* (2nd edition). Sage Publications, Inc, 2003: 6-7.

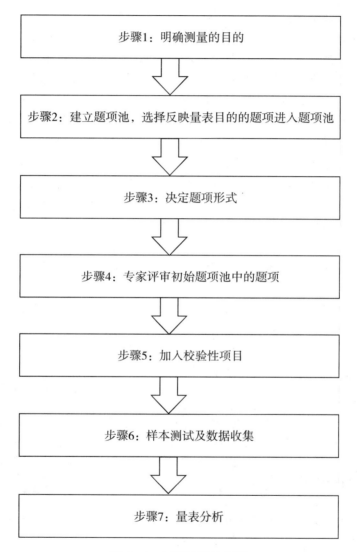

图 4 – 1　量表开发的步骤

资料来源：Devellis R F. *Scale Development*: *Theory and Application*（2nd edition）. Sage Publications, Inc., 2003.

六是样本测试及数据收集。其中，一个重要的环节是样本量的大小。农纳利（Nunnally，1978）指出，量表开发过程中一个首要的抽样问题是被测试样本的变异方差消除的问题。如果样本量足够大，客观上是可以消除上述问题的。一般来说，如果对 20 个题项的量表进行测量，300 个样本量基本上就足够了。

七是量表分析。对量表进行数据分析包括因子分析。把一组题项放在一起并不必然构成一个量表，因为题项很可能并没有同一个深层次变量。因此，确定蕴藏在题项底层的潜变量本质至关重要。确定一组题项是不是单维的最好办法就是因子分析。本研究通过对量表进行探索性因子分析、验证性因子分析，以及效度检验，最终形成用户感知价值测量量表。

（一）初始维度收集

我们通过上一章的文献回顾与分析，归纳整理了学者们测量感知价值的维度定义，具体如表 4-1 所示。

表 4-1 感知价值的维度和定义的文献归纳

维度	定义	文献
工具价值/功能价值	使用者对产品所提供的具体功能的主观感知，反映了产品的使用价值	Burn，1995；Woodruff，1997；Keller，2001
个人交往价值	顾客/用户利用产品进行信息沟通和交流	Dholakia，2004；杨爽、周星、邹俊毅，2010
娱乐价值	为了迎合大众口味，将娱乐、休闲进行商业化的价值创造	Pine，1998；Babin et al.，1994；Mathwick，2002

续表 4-1

维度	定义	文献
情感价值	产品/企业和用户/顾客之间的纽带，满足用户/顾客情感诉求的心理需要，为用户/顾客带来积极/消极的消费或使用体验	Sweeney et al., 2001

资料来源：本研究整理。

（二）访谈调查

1. 访谈设计

由于社交媒体的用户感知价值及其品牌资产的研究基础较为薄弱，相关研究文献较少，所以，社交媒体的用户感知价值理论体系尚未完全建立起来。本研究首先对文献进行了分析整理，然后组织了共计 34 位被访谈对象进行深度访谈。被访谈对象包括高校传播学和广告学专业教师、研究生共 24 名，传统企业营销管理人员 6 名，以及互联网企业从业人员 4 名。之所以被访谈对象大部分为高校老师和学生，是因为高校老师和学生具有易得性。除此之外，被访谈对象受教育程度高，年龄大多为 20~35 岁，具有多年的社交媒体使用经验，是社交媒体的主要用户群体。

本次访谈的内容围绕目前主流社交媒体平台展开。其中，主流社交媒体平台包括 QQ、微信、新浪微博、腾讯微博、陌陌、新浪博客、脸书、推特和领英等。一般来说，我国的社交媒体用户对上述平台较为熟悉，能够较为完备地描述个人使用其的感受及动机，有利于访谈的持续进行。本次访谈包含以下四个基本步骤。

第一步：进行概念阐释，向被访谈对象解释本次访谈的目的，说明社交媒体用户感知价值的维度的具体内容。

第二步：调查者让被访谈对象说出自己经常使用的社交媒体平台

(可以提供一个，也可以提供多个)，并请其描述自己所使用社交媒体平台的基本情况。

第三步：在完成第二步的基础上继续提问。问题模板如下：
- 您为什么使用这些社交媒体品牌？
- 您平时都用社交媒体做什么？
- 您每天都会使用社交媒体吗？
- 什么因素会妨碍您使用该品牌的社交媒体？
- 这些社交媒体品牌的哪些功能让您印象深刻？
- 能否详细描述一下您对这些社交媒体品牌的了解有多少？
- 您认为这些社交媒体品牌最吸引您的共同特点是什么？

第四步，根据被访谈对象的回答再次追问，并对上述问题和回答进行文字记录梳理。

2. 访谈结果的处理

对上述访谈结果进行归类整理并编制相应的初始问卷，然后进行编码处理。

首先，在被访谈对象对社交媒体的功能使用、个人情感、态度等问题的回答中提炼相关语句，并整理出具有较好表达意义的语句作为初始题项。

其次，结合文献分析对所得到的初始题项进行初步筛选，得到原始问卷。

最后，对问卷题项进行编码汇总。

通过对访谈问卷的汇总，我们发现，被访谈对象中有26位每天都会使用社交媒体，有5位每周至少使用3次以上，另外3位每周至少使用1次；全部被访谈对象（34位）都经常使用QQ，有31位经常使用微信，有28位经常使用新浪微博，有7位用过脸书，另有11位用过陌陌；全部被访谈对象对于社交媒体的生活便利性、微信等支付安全、家人联系、信息分享等方面的词句使用频次均较高。

本研究通过访谈问卷获得的原始语句共367条。因原始语句中语义重复的句子较多，数量过于庞大，不利于问卷题项的有效提炼，所以，需要对上述原始语句进行分类处理（其中涉及同阶词汇的合并处理），以厘清与社交媒体用户感知价值维度相关的语句（见表4-2）。然后通过与表3-7进行对比梳理得到有效原始题项。

表4-2 社交媒体用户感知价值部分访谈摘要

代表性原始语句	关键词汇	范畴
能够通过该品牌搜集到对学习和工作有用的资源； 该品牌给我的工作和生活带来了便利	便利性、给工作和生活带来帮助	功能性
曾经利用该品牌讨论过公共议题，发表过自己的看法； 该品牌提供了即时快捷的资讯信息； 可以通过该品牌及时了解近期的社会热点新闻	获取新闻、资讯快捷	新闻性
使用该网站，增强了"我"与朋友之间的联系； 使用该网站加深了"我"与朋友之间的感情； 使用该网站认识了一些朋友的朋友； 使用该网站加强和拓展了"我"的社交圈； 使用该网站让"我"在学习或工作中利用该品牌同他人进行交流探讨	朋友间的联系、扩大社交圈子、工作联系	社会联系
使用该网站，使"我"与好友的沟通变得更方便； 使用该网站，使"我"与好友的沟通变得简单、及时、有效； 使用该网站能降低维护关系的成本	降低沟通的成本、方便随时联系	沟通效率
通过该品牌"我"能够分享"我"的生活经历； 该品牌就好像生活中的朋友一样，"我"每天都会使用它； 通过该品牌"我"会把每天的想法写出来	个人分享、亲身体验	个性分享

续表 4-2

代表性原始语句	关键词汇	范畴
该品牌让"我"能够更及时地了解到偶像的动态； 该网站里的小游戏很好玩	了解偶像、玩游戏	娱乐性
在该网站上分享有趣的内容，希望给好友带来快乐； 在该网站上告诉好友自己的心情，能缓解不好的情绪； 在该网站上参与不同的话题评论，希望自己的观点被关注和肯定； 品牌所提供的内容和应用服务使"我"心情愉悦	自己感到愉快、缓解情绪	情感性

资料来源：本研究根据访谈结果整理。

表 4-2 即为对上述访谈结果中的原始语句进行提炼而得出的访谈摘要。将该摘要与本章通过文献分析整理而得到的感知价值维度和定义（见表 4-1）及测项表 3-7 进行对比分析，可得出以下结论。

其一，表 4-2 "范畴"一项所列的"功能性"和"新闻性"都是在描述社交媒体本身所提供的基本功能。本研究通过访谈发现，在谈到"社交媒体品牌的哪些功能让您印象深刻"的问题时，被访谈对象一般都会将"接受新闻资讯"作为自己的选项之一。所以，"新闻性"可以合并处理到"功能性"中，与表 3-7 中的"工具性"测项价值一致。

其二，在表 4-2 "范畴"一项中，"社会联系"和"沟通效率"代表了受众间的个人交往。这一点在访谈中能够得到充分反映，本研究将其统一归结为表 4-1 中的"个人交往价值"维度。

其三，表 4-2 "范畴"一项中，"个性分享"和"娱乐性"都是展现个人生活的休闲娱乐方面。例如，微信朋友圈的链接转发和个人生活照片的展示，以及微博的各类"吐槽圈子"，等等，在被访谈对象看来，这些都是社交媒体的使用动机，与表 4-1 中"娱乐价值"的定义一致。

其四，对表 4-1 中的"情感价值"维度来说，被访谈对象中有 22 位对使用社交媒体有着积极的情感反应，认为能够通过社交媒体获得一些积极的心理反馈；仅仅有 2 位被访谈对象表现出消极的一面。同时，表 3-6 中的"情感价值"测项中关于情感性的描述与表 4-1 中的"情感价值"定义具有高度的一致性。

3. 初始题项形成

本研究通过上述修改、调整、分析和对比得到社交媒体用户感知价值的初始维度和题项，具体如表 4-3 所示。

表 4-3 社交媒体用户感知价值初始量表

维度	编号	题项	参考文献
工具价值	INS1	该社交媒体能帮助我获取我所感兴趣的事物的信息	Sheth, Newman, Gross, 1991; Sweeney et al., 2001; Keller, 2001; 范秀成、罗海成, 2003; 杨晓燕、周懿瑾, 2005; 孟庆良、韩玉启, 2006
	INS2	该社交媒体能帮助我获取即时快捷的资讯信息（热点新闻、本地信息、生活服务资讯、健康信息等）	
	INS3	该社交媒体能帮助我获得工作机会的信息（例如企业招聘、个人简历投递等）	
	INS4	该社交媒体能帮助我传递有用的信息	
	INS5	该社交媒体能帮助我掌握新技能	
	INS6	该社交媒体能帮助我创造新资讯（自媒体、UGC① 发布等）	
	INS7	该社交媒体能帮助我提出新观点	

---

① UGC 是互联网术语，全称为 User Generated Content，也就是用户生成内容，即用户原创内容。

续表 4-3

维度	编号	题项	参考文献
个人交往价值	INT1	该社交媒体让我和家人之间的联系增加了	Sheth, Newman, Gross, 1991; Bourdeau, 2002; 范秀成、罗海成, 2003; 杨晓燕、周懿瑾, 2005
	INT2	该社交媒体让我和朋友之间的联系增加了	
	INT3	该社交媒体让我和同事之间的联系增加了	
	INT4	该社交媒体让我有兴趣同陌生人进行互动	
	INT5	该社交媒体能让我同有相同价值观的人联系	
娱乐价值	ENT1	该社交媒体能分享或提供有趣的休闲娱乐话题	Babin et al., 1994; Pine, 1998; Mathwick, 2002; 杨爽、周星、邹俊毅, 2010
	ENT2	该社交媒体能分享或提供我的偶像的动态（信息）	
	ENT3	该社交媒体能分享或提供有趣的音乐及视频	
	ENT4	该社交媒体能让我在无聊的时候打发时间	
	ENT5	使用该社交媒体是因为我没有更好的事情要做	
	ENT6	该社交媒体能提供丰富的生活应用（例如支付、充值、购物、理财等应用）	
情感价值	EMO1	该社交媒体让我感觉到心情愉悦	Sheth, Newman, Gross, 1991; Sweeney et al., 2001; 范秀成、罗海成, 2003; 杨晓燕、周懿瑾, 2005; 董大海、杨毅, 2008
	EMO2	该社交媒体能够让我释放压力和情绪	
	EMO3	该社交媒体让我看起来很酷	
	EMO4	使用该社交媒体是因为我感觉到有压力要这样做	
	EMO5	使用该社交媒体能给别人留下深刻印象	
	EMO6	使用该社交媒体能让我得到他人的认可	
	EMO7	使用该社交媒体能让我或我的观点得到重视和肯定	

资料来源：本研究根据文献分析及访谈结果整理。

二、数据收集

在数据收集阶段,本研究将这次调查访谈分为两个步骤进行。

第一步为预调研。我们在问卷星上发放调查问卷,共计回收有效问卷 120 份。预调研数据结果显示,修正后的初始问卷通过了信度检验,各维度和题项之间的关系显著。

第二步为正式调研。调研问卷通过问卷星发放,共计发放问卷 324 份,回收有效问卷 297 份,有效问卷回收率达到了 91.7%。297 份有效问卷的样本结构描述见表 4-4。

表 4-4 有效样本的结构特征

类别	项目	样本数（份）	百分比（%）	有效百分比（%）	累积百分比（%）
性别	男	154	51.9	51.9	51.9
	女	143	48.1	48.1	100.0
	总计	297	100.0	100.0	—
年龄	20 岁及以下	42	14.1	14.1	14.1
	21～30 岁	173	58.3	58.3	72.4
	31～40 岁	65	21.9	21.9	94.3
	40 岁以上	17	5.7	5.7	100.0
	总计	297	100.0	100.0	—
婚姻状况	已婚	130	43.8	43.8	43.8
	未婚	167	56.2	56.2	100.0
	总计	297	100.0	100.0	—

续表 4-4

类别	项目	样本数（份）	百分比（%）	有效百分比（%）	累积百分比（%）
学历	高中及以下	33	11.1	11.1	11.1
	大专	41	13.8	13.8	24.9
	本科	171	57.6	57.6	82.5
	硕士	51	17.2	17.2	99.7
	博士	1	0.3	0.3	100.0
	总计	297	100.0	100.0	—
职业	学生	40	13.5	13.5	13.5
	公务员及事业单位人员	37	12.5	12.5	26.0
	企业人员	199	67.0	67.0	93.0
	其他	21	7.0	7.0	100.0
	总计	297	100.0	100.0	—
月收入	2000元及以下	42	14.1	14.1	14.1
	2001~3000元	41	13.8	13.8	27.9
	3001~4000元	87	29.3	29.3	57.2
	4001~5000元	103	34.7	34.7	91.9
	5000元以上	24	8.1	8.1	100.0
	总计	297	100.0	100.0	—
社交媒体品牌	新浪微博	—	—	—	77.3
	微信	—	—	—	98.4
	QQ	—	—	—	89.1

资料来源：本研究根据 SPSS 20.0 数据结果整理。

本次调研采用了填写网上问卷的形式，通过描述性统计可知，社交媒体用户群集中在 20～40 岁之间，占到总抽样调查人数的 80% 以上。该年龄段的社交媒体用户，其受教育程度大多数都在本科以上，本科及以上学历人数占总抽样调查人数的比例超过了 75%。其中，使用新浪微博、微信和 QQ 的人群都在 80% 左右。可以看出，社交媒体的主要品牌在移动端是微信，在 PC 端是 QQ，这一结果和中国互联网络信息中心的调查结果基本一致，只是人群年龄更趋年轻化。

三、数据分析

（一）信度检测

检测原始问卷题项的整体信度，输出结果如表 4-5 所示。在整体统计量中，标准化克朗巴哈系数为 0.909，大于 0.8，说明该问卷具有较高的信度，测量误差值小。

表 4-5 原始问卷题项的总体信度

克朗巴哈系数	基于标准化项的克朗巴哈系数	项数
0.903	0.909	25

资料来源：本研究根据 SPSS 20.0 数据结果整理。

（二）探索性因子分析

因子分析是一种潜在结构分析法，其理论模型中假定每个指标（观察变量或者题项）均由两部分构成，一个是共同因子，一个是唯一因子或独特因子。共同因子的数目会比原始变量少，而每个原始变量皆有一个唯一因子，即一份量表共有 n 个题项数，则也会有 n 个唯一因子，而共同因子的数目一般少于变量的数目。[①] 唯一因子的性质有两个假定：一是所有的唯一因子间彼此不相关，二是所有的唯一因子与所有的共同因子间也不相关。

因子分析常用的理论模型如下：

$$Z_j = a_{j1}F_1 + a_{j2}F_2 + a_{j3}F_3 + \cdots + a_{ji}F_i + \cdots + a_{jm}F_m + U_j, \quad 1 \leq i \leq m;$$

其中：

Z_j 为第 j 个变量的标准化系数；

F_i 为共同因子；

m 为所有变量共同因子的数目；

U_j 为变量 Z_j 的唯一因子；

a_{ji} 为因子负荷量，表示第 i 个共同因子对第 j 个变量的变异量贡献。

因子模型有两个特点：第一，模型不受量纲的影响；第二，因子载荷不是唯一的，通过因子轴的旋转，可以得到新的因子载荷矩阵，使意义更加明显。

得到初始因子模型后，因子载荷矩阵比较复杂，不利于因子的解释。因子可以通过因子轴的旋转，使得载荷矩阵中各元素数值向 $0 \sim 1$ 分化，同时保持同一行中各元素平方和不变。通过因子旋转，各变量在因子上载荷更加明显，因此也有利于给出有关各公因子更加明显、合理的解释。

求出公因子后，还可以用回归估计等方法求出因子得分的数学模型，将各公因子表示成变量的线性形式，并进一步计算出因子得分，以便后续分析。

1. 第一次因子分析

首先，通过信度检验。接着，采用因子分析对量表提纯。本研究

[①] 吴明隆：《问卷统计分析实务——SPSS 操作与应用》，重庆大学出版社 2009 年版，第 197－198 页。

所采用的因子分析是通过旋转抽取主成分实现的，然后采用探索性因子分析的方法对题项进行分析。

首先，对样本进行 KMO 值和 Bartlett 值检验，如表 4-6 所示。

表 4-6 KMO 值和 Bartlett 值检验

取样足够度的 KMO 值		0.859
Bartlett 球形度检验	近似卡方	4045.410
	自由度	300
	显著性水平	0.000

资料来源：本研究根据 SPSS 数据结果整理。

从表 4-6 中的 KMO 值与 Bartlett 值检验可知，KMO 值为 0.859，大于 0.800，近似卡方值为 4045.410，且自由度为 300，显著性概率 $P = 0.000 < 0.001$，说明样本数据具有显著的相关性，同时还可以判定变量具备共同因子，能够继续进行因子分析。

在使用主成分分析法后，接着运用方差最大正交旋转提取 6 个因子，结果见表 4-7。

表 4-7 总方差解释

成分	初始特征值			提取平方和载入			旋转平方和载入		
	合计	方差百分比（%）	累积百分比（%）	合计	方差百分比（%）	累积百分比（%）	合计	方差百分比（%）	累积百分比（%）
1	8.106	32.423	32.423	8.106	32.423	32.423	3.630	14.518	14.518
2	3.174	12.696	45.119	3.174	12.696	45.119	3.560	14.239	28.757
3	1.728	6.911	52.030	1.728	6.911	52.030	3.017	12.066	40.823
4	1.417	5.666	57.697	1.417	5.666	57.697	2.864	11.455	52.278
5	1.258	5.033	62.730	1.258	5.033	62.730	2.194	8.776	61.054

续表 4-7

成分	初始特征值			提取平方和载入			旋转平方和载入		
	合计	方差百分比（%）	累积百分比（%）	合计	方差百分比（%）	累积百分比（%）	合计	方差百分比（%）	累积百分比（%）
6	1.058	4.234	66.963	1.058	4.234	66.963	1.477	5.909	66.963
7	0.941	3.765	70.728	—	—	—	—	—	—
8	0.754	3.017	73.746	—	—	—	—	—	—
9	0.707	2.827	76.573	—	—	—	—	—	—
10	0.658	2.630	79.203	—	—	—	—	—	—
11	0.615	2.459	81.663	—	—	—	—	—	—
12	0.572	2.290	83.952	—	—	—	—	—	—
13	0.514	2.054	86.006	—	—	—	—	—	—
14	0.487	1.948	87.954	—	—	—	—	—	—
15	0.430	1.721	89.676	—	—	—	—	—	—
16	0.415	1.658	91.334	—	—	—	—	—	—
17	0.342	1.368	92.701	—	—	—	—	—	—
18	0.318	1.272	93.973	—	—	—	—	—	—
19	0.304	1.216	95.189	—	—	—	—	—	—
20	0.269	1.076	96.264	—	—	—	—	—	—
21	0.240	0.958	97.223	—	—	—	—	—	—
22	0.212	0.846	98.069	—	—	—	—	—	—
23	0.194	0.776	98.845	—	—	—	—	—	—
24	0.178	0.710	99.555	—	—	—	—	—	—
25	0.111	0.445	100.000	—	—	—	—	—	—

提取方法：主成分分析法。

由解释总变异量表格（见表4-7）可知，6个因子构念解释个别的变异量分别为 32.423%、12.696%、6.911%、5.666%、5.033%、4.234%，提取解释总方差为 66.963%，大于 60%，所以提取因子能较好地解释问卷。

利用主成分分析得到旋转成分矩阵（见表4-8）。根据 Nunnally (1978) 对量表进行提纯的原则，保留题项需要具备因子载荷值大于 0.5 的条件，删除题项需要具备因子载荷值小于 0.4 或同一题项有两个以上的载荷值大于 0.4 的条件。

表4-8 旋转成分矩阵

编号	题项	成分					
		1	2	3	4	5	6
ENT2	该社交媒体能分享或提供我的偶像的动态（信息）	0.701	-0.001	0.227	-0.04	0.161	0.124
ENT3	该社交媒体能分享或提供有趣的音乐及视频	0.697	0.028	0.255	0.063	0.404	0.041
EMO1	该社交媒体让我感觉到心情愉悦	0.692	0.251	0.199	0.273	0.041	0.011
ENT1	该社交媒体能分享或提供有趣的休闲娱乐话题	0.681	0.014	0.135	0.200	0.419	-0.044
EMO2	该社交媒体能够让我释放压力和情绪	0.675	0.298	0.107	0.257	-0.023	0.036
ENT4	该社交媒体能让我在无聊的时候打发时间	0.571	0.077	0.042	-0.008	0.557	0.005

续表 4-8

编号	题项	成分					
		1	2	3	4	5	6
INT5	该社交媒体能让我同有相同价值观的人联系	0.451	0.051	0.437	0.447	-0.014	0.187
EMO6	使用该社交媒体能让我得到他人的认可	0.064	0.923	0.094	0.066	0.052	0.088
EMO5	使用该社交媒体能给别人留下深刻印象	0.008	0.885	0.083	0.066	0.127	0.129
EMO7	使用该社交媒体能让我或我的观点得到重视和肯定	0.162	0.853	0.185	0.082	0.008	0.053
EMO3	该社交媒体让我看起来很酷	0.306	0.674	0.227	0.076	-0.242	0.201
INS4	该社交媒体能帮助我传递有用的信息	0.116	0.217	0.733	0.110	0.100	-0.066
INS3	该社交媒体能帮助我获得工作机会的信息（例如企业招聘、个人简历投递等）	-0.003	0.124	0.708	-0.102	0.012	0.422
INS6	该社交媒体能帮助我创造新资讯（自媒体、UGC 发布等）	0.319	0.145	0.611	0.090	0.085	0.082

续表 4-8

编号	题项	成分					
		1	2	3	4	5	6
INS1	该社交媒体能帮助我获取我所感兴趣的事物的信息	0.275	0.114	0.596	0.336	0.323	-0.059
INS2	该社交媒体能帮助我获取即时快捷的资讯信息（热点新闻、本地信息、生活服务资讯、健康信息等）	0.271	-0.037	0.562	0.268	0.427	-0.065
INS7	该社交媒体能帮助我提出新观点	0.271	0.279	0.506	0.262	-0.003	-0.188
INT1	该社交媒体让我和家人之间的联系增加了	0.060	0.078	0.003	0.796	0.216	0.008
INT2	该社交媒体让我和朋友之间的联系增加了	0.187	0.024	0.169	0.782	0.060	0.023
INT3	该社交媒体让我和同事之间的联系增加了	0.055	0.110	0.153	0.760	0.279	-0.040
INT4	该社交媒体让我有兴趣同陌生人进行互动	0.325	0.371	0.190	0.470	-0.231	0.187

续表 4-8

编号	题项	成分					
		1	2	3	4	5	6
ENT6	该社交媒体能提供丰富的生活应用（例如支付、充值、购物、理财等应用）	0.159	0.008	0.077	0.222	0.766	0.140
INS5	该社交媒体能帮助我掌握新技能	0.258	0.001	0.300	0.272	0.596	0.033
ENT5	使用该社交媒体是因为我没有更好的事情要做	0.154	0.142	-0.030	0.019	0.068	0.829
EMO4	使用该社交媒体是因为我感觉到有压力要这样做	-0.051	0.477	0.120	0.070	0.083	0.614

提取方法：主成分旋转法；具有 Kaiser 标准化的正交旋转法；旋转在9次迭代后收敛。

根据 SPSS 输出的结果（见表 4-8），由旋转后的成分矩阵显示可以看出，共同因素 1 包含 ENT1、ENT2、ENT3、ENT4、EMO1、EMO2 题项；共同因素 2 包含 EMO3、EMO5、EMO6、EMO7 题项；共同因素 3 包含 INS1、INS2、INS3、INS4、INS6、INS7 题项；共同因素 4 包含 INT1、INT2、INT3 题项；其余两个共同因素各自只包含两个题项。另外，部分题项存在双重载荷的情况，且载荷值没有大于 0.400，属于不同维度，这样不符合理论要求，所以对这一类题项作删除处理。

2. 第二次因子分析

对删除部分题项后的题项进行第二次因子分析，结果如表 4-9

所示，KMO 值为 0.839，说明样本非常适合作因子分析。根据巴列特的球形度检验，近似卡方值为 2931.633，自由度为 153，显著性概率 $P = 0.000 < 0.001$，进一步说明数据具有相关性，适合进行因子分析。

表 4-9　KMO 值和 Bartlett 值检验

取样足够度的 KMO 值		0.839
Bartlett 球形度检验	近似卡方	2931.633
	自由度	153
	显著性水平	0.000

由表 4-10 的解释总变异量可知，共提取了 4 个因子，4 个因子的解释大于 0.5。4 个因子构念解释个别的变异量分别为 35.176%、14.566%、9.230%、7.503%，累积解释度为 66.474%，可以接受。

表 4-10　总方差解释

成分	初始特征值			提取平方和载入			旋转平方和载入		
	合计	方差百分比（%）	累积百分比（%）	合计	方差百分比（%）	累积百分比（%）	合计	方差百分比（%）	累积百分比（%）
1	6.332	35.176	35.176	6.332	35.176	35.176	3.666	20.367	20.367
2	2.622	14.566	49.741	2.622	14.566	49.741	3.324	18.466	38.833
3	1.661	9.230	58.971	1.661	9.230	58.971	2.558	14.212	53.045
4	1.350	7.503	66.474	1.350	7.503	66.474	2.417	13.429	66.474
5	0.870	4.834	71.307	—	—	—	—	—	—
6	0.774	4.300	75.607	—	—	—	—	—	—
7	0.634	3.524	79.131	—	—	—	—	—	—

续表 4-10

成分	初始特征值			提取平方和载入			旋转平方和载入		
	合计	方差百分比（%）	累积百分比（%）	合计	方差百分比（%）	累积百分比（%）	合计	方差百分比（%）	累积百分比（%）
8	0.593	3.296	82.427	—	—	—	—	—	—
9	0.526	2.920	85.346	—	—	—	—	—	—
10	0.465	2.581	87.927	—	—	—	—	—	—
11	0.440	2.442	90.370	—	—	—	—	—	—
12	0.384	2.131	92.501	—	—	—	—	—	—
13	0.317	1.760	94.261	—	—	—	—	—	—
14	0.256	1.420	95.682	—	—	—	—	—	—
15	0.238	1.320	97.001	—	—	—	—	—	—
16	0.226	1.254	98.256	—	—	—	—	—	—
17	0.192	1.067	99.323	—	—	—	—	—	—
18	0.122	0.677	100.000	—	—	—	—	—	—

提取方法：主成分分析法。

接着，采用最大方差正交法对数据进行旋转（如表 4-11 所示）。旋转后的因子分析的结果显示，全部量表能够清晰地划分为 4 个因子，且载荷值均大于 0.5，能够很好地解释因子分析的效果。

表 4-11 旋转成分矩阵

编号	题项	成分			
		1	2	3	4
ENT3	该社交媒体能分享或提供有趣的音乐及视频	0.798	0.050	0.121	0.249

续表 4-11

编号	题项	成分			
		1	2	3	4
ENT1	该社交媒体能分享或提供有趣的休闲娱乐话题	0.791	0.023	0.272	0.095
ENT4	该社交媒体能让我在无聊的时候打发时间	0.748	0.026	0.075	0.049
ENT2	该社交媒体能分享或提供我的偶像的动态（信息）	0.736	0.064	-0.044	0.188
EMO1	该社交媒体让我感觉到心情愉悦	0.619	0.325	0.260	0.192
EMO2	该社交媒体能够让我释放压力和情绪	0.583	0.373	0.229	0.102
EMO6	使用该社交媒体能让我得到他人的认可	0.052	0.915	0.082	0.095
EMO7	使用该社交媒体能让我或我的观点得到重视和肯定	0.121	0.872	0.079	0.163
EMO5	使用该社交媒体能给别人留下深刻印象	0.021	0.869	0.095	0.100
EMO3	该社交媒体让我看起来很酷	0.187	0.75	0.015	0.183
INT3	该社交媒体让我和同事之间的联系增加了	0.137	0.082	0.811	0.152
INT1	该社交媒体让我和家人之间的联系增加了	0.106	0.101	0.809	-0.025
INT2	该社交媒体让我和朋友之间的联系增加了	0.179	0.069	0.798	0.138

续表 4-11

编号	题项	成分			
		1	2	3	4
INS3	该社交媒体能帮助我获得工作机会的信息（例如企业招聘、个人简历投递等）	0.005	0.209	-0.132	0.782
INS4	该社交媒体能帮助我传递有用的信息	0.145	0.205	0.182	0.735
INS1	该社交媒体能帮助我获取我所感兴趣的事物的信息	0.377	0.089	0.410	0.578
INS2	该社交媒体能帮助我获取即时快捷的资讯信息（热点新闻、本地信息、生活服务资讯、健康信息等）	0.423	-0.092	0.381	0.575
INS6	该社交媒体能帮助我创造新资讯（自媒体、UGC发布等）	0.349	0.183	0.089	0.568

提取方法：主成分旋转法；具有 Kaiser 标准化的正交旋转法；旋转在 5 次迭代后收敛。

（三）验证性因子分析

继续对媒体感知价值量表进行验证性因子分析。使用 Mplus 软件对每个潜变量进行效度分析，删除影响拟合度指标的相关变量，保证各个潜变量的模型拟合度符合验证性因子分析要求。表 4-12 显示了修正后的各变量的因子载荷和 P 值，其中，所有的 P 值均小于 0.001，表明路径关系显著，因子载荷均大于 0.5。由此可知，数据的变量间路径关系通过显著性检验，可以验证由文献分析及探索性因子分析所得到的媒体感知价值的维度。

表4-12 因子载荷及 *P* 值

变量	编号	因子载荷	标准误差	参数估计/标准误差	*P* 值
ENT	ENT3	0.826	0.034	24.394	0.000
	ENT1	0.816	0.035	23.636	0.000
	ENT4	0.646	0.047	13.634	0.000
	ENT2	0.663	0.046	14.363	0.000
EMO	EMO1	0.580	0.052	11.131	0.000
	EMO6	0.930	0.018	51.408	0.000
	EMO7	0.832	0.026	32.150	0.000
	EMO5	0.840	0.025	33.797	0.000
	EMO3	0.620	0.046	13.387	0.000
INT	INT3	0.733	0.046	15.909	0.000
	INT1	0.750	0.045	16.511	0.000
	INT2	0.783	0.044	17.657	0.000
INS	INS1	0.570	0.070	8.193	0.000
	INS2	0.828	0.078	10.619	0.000
	INS6	0.549	0.069	7.918	0.000

本章小结

本章内容主要是对社交媒体感知价值的维度进行实证研究，并基于受众行为理论和顾客价值理论的研究范式构建了本研究的概念模型。由于社交媒体感知价值的维度一直是现有研究中的空白，我们通过对感知价值的定性研究制作了媒体感知价值的初始量表。在此基础上，进行问卷调查，并对收集的数据进行分析，主要包括量表的纯化、探索性因子分析和信度效度的多次检验。通过数据分析，剔除不合理的测量项目，本研究最终得到社交媒体感知价值的测量量表。该量表包括娱乐价值、情感价值、个人交往价值和工具价值四个维度，共15个题项（见表4-13），为了方便后续研究，重新进行了编号。

表4-13 媒体感知价值问卷量表

维度	重新编号	题项
娱乐价值	ENT1	该社交媒体能分享或提供有趣的音乐及视频
	ENT2	该社交媒体能分享或提供有趣的休闲娱乐话题
	ENT3	该社交媒体能让我在无聊的时候打发时间
	ENT4	该社交媒体能分享或提供我的偶像的动态（信息）
	ENT5	该社交媒体让我感觉到心情愉悦
情感价值	EMO1	使用该社交媒体能让我得到他人的认可
	EMO2	使用该社交媒体能让我或我的观点得到重视和肯定
	EMO3	使用该社交媒体能给别人留下深刻印象
	EMO4	该社交媒体让我看起来很酷
个人交往价值	INT1	该社交媒体让我和同事之间的联系增加了
	INT2	该社交媒体让我和家人之间的联系增加了
	INT3	该社交媒体让我和朋友之间的联系增加了
工具价值	INS1	该社交媒体能帮助我获取我所感兴趣的事物的信息
	INS2	该社交媒体能帮助我获取即时快捷的资讯信息（热点新闻、本地信息、生活服务资讯、健康信息等）
	INS3	该社交媒体能帮助我创造新资讯（自媒体、UGC发布等）

第五章　媒体感知价值对品牌资产的影响

通过第四章对社交媒体感知价值的探索性因子分析及验证性因子分析可知，社交媒体感知价值的构成维度包括工具价值、个人交往价值、娱乐价值、情感价值四个方面的内容，包括 15 个题项的测量量表。本章将详尽讨论媒体感知价值和社交媒体品牌资产之间的关系，将从直接影响与间接影响两个方面构建本研究的理论模型及假设。

在营销领域里，尽管现有文献已经证实了感知价值对品牌资产的正向影响作用，但是在社交媒体品牌资产的构建过程中，我们需要检验在媒体感知价值的维度中是否存在层次关系，以及它们是如何驱动品牌资产的。这就需要我们对媒体感知价值继续进行深入的探讨和研究。

为了探索媒体感知价值对品牌资产的影响，我们进行了以下三个方面的分析和探讨。一是对社交媒体品牌资产的模型进行阐述，参考已有的成熟量表制定相关量表；二是讨论媒体感知价值内的结构关系，从直接影响和间接影响两个角度对影响机制进行理论分析并提出相关假设；三是提出本研究的理论模型。

一、品牌资产的维度界定

我们在第四章已经完成了对媒体感知价值维度的测定。为了更进一步地厘清媒体感知价值对社交媒体品牌资产的作用机制，本节在消费者行为理论及品牌理论的研究范式下对品牌资产的维度进行界定。

(一) 品牌资产的概念

本章主要从传媒的视角探讨媒体感知价值对社交媒体品牌资产的作用机制,但是,目前学术界对于品牌资产的定义一直没有明确且统一的论述。中山大学的卢泰宏等(2000)从三个视角对其进行了讨论:①财务的视角;②消费者的视角;③市场的视角。一般来说,国内外学者对这一概念的讨论也是基于以上三个视角。[1]

1. 财务的视角

从财务的视角来看,品牌资产是可被货币化计量的资产。在这一视角下,货币化计量可分为两种方式:一种是直接通过品牌活动估值得到;另一种是通过间接比较得到。对前者持代表性观点的是史密斯和帕克(Smith & Parker, 1992),他们认为品牌活动本身是能够在财务上进行估值计量的。这些活动是与企业的产品或服务相关的营销活动,其全部即构成了企业的品牌活动,即对这些活动的财务估值就是对品牌价值的计量。[2] 另一种方式是将品牌资产与无品牌的产品相比较,超过使用价值的额外的价值即是该产品的品牌价值。众多学者对这一观点表示认可。[3] 最早对品牌资产进行财务上的计量处理的是西蒙和苏利文(Simon & Sullivan, 1993),他们以未来现金流贴现的方式对品牌资产进行定义,认为"相比没有品牌名称的同样的产品,拥有品牌名称的产品销售所获得的是现金流量的增量"[4]。在此需要

---

[1] 卢泰宏、黄胜兵、罗纪宁:《论品牌资产的定义》,载《中山大学学报(社会科学版)》2000年第4期,第17-22页。

[2] Smith D, Parker C W. "The Effects of Brand Extensions on Market Share and Advertising Efficiency", *Journal of Marketing Research*, 29, no. 3 (1992): 296-313.

[3] Farquhar P H. "Management Brand Equity", *Marketing Research*, no. 30 (1989): 24-33.

[4] Simon C J, Sullivan M W. "The Measurement and Determinants of Brand Equity: A Financial Approach", *Marketing Science*, 12, no. 1 (1993): 28-52.

特别指出的是，在会计实务中，品牌资产并没有作为资产的一部分被会计确认和计量。虽然与品牌有关的资产过去是企业无形资产的一部分，但是根据我国2006年发布的《企业会计准则》以及美国财务会计准则委员会（Financial Accounting Standards Board，FASB）的相关规定，已经明确不再将商誉（包括企业自创的品牌等）确认为企业的无形资产。

2. 消费者的视角

虽然从财务的视角能够为品牌资产的价值评估提供理论依据，但对其价值来源却没有很好的解释力。传统营销管理领域的文献普遍从消费者的视角讨论品牌资产。在这个视角之下，品牌资产的价值来源于消费者的价值感知，其中，最具代表性的观点来自美国营销学学者大卫·艾克（David A. Aaker, 1991）。艾克并未直接对品牌资产的价值作出解释，而是将其归结为五个维度，即资产来源的五个方面。同时，他认为这五个方面是能够为公司及消费者都带来价值的相关资产及负债。[①] 我们注意到，在艾克所定义的概念中，虽然将品牌资产理解为一种和品牌相联系的资产和负债，并对其具体含义作了分类，但是，其资产和负债是不同于财务概念的，通俗地讲就是不可量化，这也是艾克定义的概念在会计实务中无法获得认同的原因。凯文·莱恩·凯勒（Kevin Lane Keller, 1993）更是直接指出了品牌资产的本质，认为品牌资产的最终来源是企业对产品或服务的差异化。[②] 这种差异化是在企业的营销活动中产生的。由于受限于消费者的品牌知识，不同的营销活动对消费者的营销效果可能完全不同，其结果是让消费者对产品或服务产生不同的反应。所以，企业要想在营销活动中占有先机，必须从品牌资产的来源——消费者的感受差异入手，了解

[①] Aaker D A. *Managing Brand Equity: Capitalizing on the Value of a Brand Name*. New York: Free Press, 1991.

[②] Keller K L. "Conceptualizing, Measuring, and Managing Consumer Based Brand Equity", *Journal of Marketing*, 57, no.1 (1993): 1–22.

3. 市场的视角

从市场的视角对品牌资产进行界定，品牌资产是超越了其本身财务价值的资产，与企业和产品所处的市场地位直接相关。在一个完全竞争的市场环境下，面对不断涌入市场的新进入者，企业若想保持自身的市场地位，要么用高溢价去购买竞争品牌，要么对自身品牌进行品牌延伸。马伦和美因茨（Mullen & Mainz, 1989）也认为，在这种竞争环境下，具有竞争优势的品牌资产在与同类产品或企业的比较过程中更容易产生溢价。[1] Dyson 等（1996）根据市场占有率来定义品牌资产，并给出了品牌资产的计算公式。[2]

笔者认为，品牌资产是建立在对公司或产品的名称和标识的价值感知基础之上的，赋予了公司或产品权属关系。产业界和学术界希望能将这种权属关系体现为一种可以度量的价值，反映在资产负债表中。在通行的财务准则中，对无形资产和商誉的定义能够体现出一定的品牌价值。但是在营销领域，品牌价值不仅反映在资产负债表中，更是消费者对产品或公司的一种感知，这种感知是无法用财务数字来衡量的。因此，对品牌资产的研究多半是基于市场的角度，通过对消费者的心理测量来完成的。于是，品牌资产模型的维度构建成为品牌资产研究的重要基石，我们将在后面的章节予以详细讨论。

（二）品牌资产的维度

本节主要讨论品牌资产的维度构成。品牌资产的维度构成是品牌资产研究的基石，通过品牌资产的维度构成能够刻画出品牌资产的形

---

[1] Mullen M, Mainz A. "Brands, Bids and Balance Sheet: Putting a Price on Protected Products", *Acquisitions Monthly*, no.24 (1989): 26-27.

[2] Dyson P, Farr A, Hollis N S. "Understanding, Measuring, and Using Brand Equity", *Journal of Advertising Research*, 36, no.6 (1996): 9-21.

成过程，了解其形成的真正驱动因素。

本研究从品牌资产的来源出发，分别从以下三个层次阐述品牌资产的维度构成：首先，解析品牌资产维度的两个经典模型——艾克品牌资产维度模型和凯勒品牌资产维度模型，这是后人进行品牌资产维度研究的起点；其次，从上述两个基本模型出发，总结目前已有的相关研究成果，解释后人关于品牌资产维度构成的各种观点；最后，提出本研究的品牌资产维度构成。

1. 艾克品牌资产维度模型

艾克（Aaker，1991）从消费者的视角提出了品牌资产的维度模型，将品牌资产分为品牌忠诚度（Brand Loyalty）、品牌知名度（Brand Awareness）、品牌联想（Brand Association）、感知质量（Perceived Quality）和其他品牌专有资产（Other Proprietary Brand Assets）五个维度。[1] 品牌资产的主要构成是前四个维度。艾克认为，消费者（尤其是周期性购买的消费者）对企业品牌资产的构建起决定性作用。在消费者的购买决策过程中，品牌质量感知、品牌联想、品牌知名度以及品牌再认和回忆为消费者提供了很好的决策理由，同时也影响了消费者的品牌忠诚度，进一步制约着周期性购买品牌产品的顾客的数量，从而影响着企业的品牌资产。

第一，品牌资产维度模型中最重要的维度是品牌忠诚度。它是消费者对某一特定品牌的偏好，对消费者的购买行为有着重要的影响。若企业的产品或服务不能吸引消费者产生购买行为，那么，品牌就只是一个没有任何意义的商标而已。但是产品或服务的销售不是构建品牌忠诚度的全部，企业需要与消费者建立持久的、相互助益的关系，才能将产品或服务的购买者变成品牌忠诚者，建立真正的品牌忠诚度。对企业而言，消费者的品牌转换决定着其品牌忠诚度。消费者对产品的品牌忠诚度越高，就越能降低品牌转换的可能性，企业在市场

---

[1] Aaker D A. *Managing Brand Equity: Capitalizing on the Value of a Brand Name.* New York: Free Press, 1991.

竞争中就越能获得有利地位。

  品牌忠诚度划分为五个层次。最底层是无品牌忠诚者。这类消费者对品牌转换不确定，一般对价格比较敏感，或者觉得每个品牌都不错，没有固定的偏好。第二个层次是习惯购买者。他们对品牌产品比较满意，但是很容易受到品牌竞争对手的影响，只要品牌竞争对手给他们提供利益，即可促使他们转换品牌。第三个层次是满意购买者。这类购买者的品牌转换成本较高，他们在品牌学习的前期投入了较多时间、精力和金钱，所以不会轻易进行品牌转换，要想吸引这类购买者，竞争品牌需要投入更大的利益才能促使他们完成品牌转换。第四个层次是情感型购买者。这是一类真正喜欢品牌的购买者，他们对品牌的偏好取决于标志联想、使用体验或者品牌质量感知。第五个层次是承诺购买者。这类购买者对使用该品牌有一种天然的自豪感，该品牌无论是在品牌功能上还是身份表达上都已获得他们的高度认可。在他们的眼里，对某品牌的消费和使用，是个人生活和价值观的体现。

  第二，品牌知名度是能够让顾客具备在某一品类中识别出特定品牌的能力，是顾客对特定品牌在产品或服务品质上的反应。艾克认为，具有高知名度的品牌能够获得顾客在品牌质量感知和品牌联想方面的认可，从而提高顾客的重复购买率以增加品牌资产的价值。顾客对于较为熟悉的或具有较高知名度的品牌能够产生更多的品牌联想，从而建立有效的情感联系，具有较高的购买意愿。反之，消费者对于不熟悉的品牌，无法与之建立有效的情感联系，因此，其购买意愿较低（Wall, Liefeld 和 Heslop, 1991；Aaker, 1996）。Grewal 等（1998）通过研究大学生群体对自行车产品的品牌知名度和质量感知，认为两者之间存在着正向联系。[①] 王家宝和秦朦阳（2011）构建了品牌知名度相关模型，认为品牌知名度和品牌形象通过感知风险和

---

  ① Grewal, D, et al. "The Effect of Store Name, Brand Name and Price Discounts on Consumers' Evaluations and Purchase Intentions", *Journal of Retailing*, 74, no. 3 (1998): 331 – 352.

感知质量共同驱动着消费者的购买意愿。① 具有品牌知名度的企业在经营上能够获得较好的市场地位和产品地位,避免无效的价格竞争。当然,艾克也认为品牌知名度本身不能促进销量,它只能增加顾客在品牌选择中的转移成本,让顾客产生购买惰性,从而购买相同产品。当年日产公司推出英菲尼迪汽车的时候,所设计的广告文案非常吸引人,有鸟、湖泊、田地,但是唯独没有汽车。虽然该广告让顾客的品牌认知水平达到了90%,但该品牌汽车却销量平平。②

第三,品牌联想是对企业的产品特性、产品名称以及消费者利益等的人格化描述。品牌联想能够让产品在消费者心中形成独特的品牌形象,经过独特的销售主张(Unique Selling Proposition,USP)的传播,有助于消费者作出购买决策。相关研究表明,品牌联想能够促进企业的销量,具有独特的品牌联想的产品能够迅速转化为销量,③ 是品牌资产高低的决定性因素。国内外学者们对品牌联想进行了多方面的研究,得出以下两点结论。第一,品牌联想是具有层次性的。一般认为品牌联想包括三个层次:①和产品特性有关的联想,包括产品的功能性能、质量、价格等;②和产品品牌本身有关的联想,即初级联想,包括品牌标识、宣传口号、产品包装和营销事件等;③次级联想,主要包括企业形象、广告代言人、竞争者等。④ 在建立品牌联想的过程中,从上述三个层次出发,通过有效的品牌传播策略,在消费者头脑中建立其独特的品牌联想群,以区别于竞争品牌,其中最重要的是要建立深层次的次级联想,更能够将抽象的品牌形象具象化。第二,品牌联想存在着细分的维度。美国学者凯勒(Keller,1993)将

---

① 王家宝、秦朦阳:《品牌知名度与品牌形象对消费者购买意愿的影响》,载《企业研究》2011年第2期,第50—51页。

② Lev M. The media business: Advertising; Assessing Nissan's Zen Effort", *The New York Times*, May 14 (1990): 24.

③ 吴新辉、袁登华:《消费者品牌联想的建立与测量》,载《心理科学进展》2009年第2期,第451—459页。

④ 范秀成:《基于顾客的品牌权益测评:品牌联想结构分析法》,载《南开管理评论》2000年第6期,第9—13页。

其划分为产品属性、利益和态度三个维度；McDowell（2004）则通过对有线新闻网的公司品牌的研究，将媒体品牌联想划分为功能性、人格化和声望三个维度[①]。

最后，感知质量是顾客对产品或服务的整体评价。感知质量有别于客观质量，前者根据顾客的主观感受进行认定，会受到产品外观、包装或者口碑等产品质量以外的因素的影响；后者是产品或服务经过专业机构检测后的真实质量，需要运用专业领域的知识进行确认。因此，在商品广告中，商家所谓的高质量的产品是营销者利用顾客对产品的信息不对称所营销的一种"假象"，即产品的感知质量高。一般来说，影响产品感知质量的因素包括：第一，消费者的传统经验，根据对该品牌产品过往使用经验进行主观判断。例如，消费者过去使用过该品牌的产品，发现质量很差，就主观上认为该品牌其他类型的产品质量也不好。第二，产品的包装和外观。消费者对低价值消费品（例如纯净水）的外观设计更在意其产品的包装设计。第三，部分产品存在较强的品牌来源国效应。例如，消费者认为发达国家的产品质量会更好，而发展中国家的产品质量会较差。[②]

此外，艾克（Aaker，1996）又对品牌资产的维度进行了细分，提出了十要素模型，包括溢价、满意度、感知质量、领导性、价值、品牌个性、企业组织联想、品牌知名度、市场份额和价格。[③] 该模型能够全面反映品牌资产的维度结构，但是模型中所涉及的维度复杂，且难以通过市场公开数据进行全面测量及量化处理。因此，该模型仅仅处于理论构建阶段，无法在营销实践中完全实现。

综上所述，艾克的品牌资产维度模型对营销实践的贡献在于，从认知层面反映了品牌资产的结构，从顾客和市场的视角拓展了品牌资

[①] McDowell W. "Exploring a Free Association Methodology to Capture and Differentiate Abstract Media Brand Associations: A Study of Three Cable News Networks", *Journal of Media Economics*, 17 no.4 (2004): 309–320.

[②] Schooler R D. "Product Bias in the Central American Common Market", *Journal of Marketing Research*, 2, no.4 (1965): 394–397.

[③] Aaker D A. *Building Strong Brands*. New York: The Free Press, 1996.

产的研究思路，为企业营销提供了理论指导；其不足之处在于，对品牌资产的各维度构成的定量描述缺省，无法构建品牌资产维度之间完备的逻辑关系，因此，缺乏相关的实证研究和可测量的维度量表。

2. 凯勒品牌资产维度模型

美国学者凯勒（Keller，1993）提出了基于顾客的品牌资产（Customer-Based Brand Equity，CBBE）概念模型，认为品牌资产是顾客基于品牌知识对企业营销活动的差异化反应。[1] 消费者在决策过程中逐步形成了强势品牌的理念。因此，基于顾客的品牌资产（CBBE）概念是品牌资产理论的一个独特视角。凯勒认为，基于顾客的品牌资产的构成要素包括三方面：一是差异化，让竞争不依附于价格而是围绕品牌展开；二是重塑消费者对产品的品牌认知，这也是差异化的来源，顾客对产品相关的感知都可以被企业通过品牌进行构建并得以传播；三是与品牌相关的营销活动构成消费者对差异化的反应，这些营销活动使品牌资产的关键利益得到释放，并促进品牌资产的形成。

凯勒的品牌资产维度模型强调消费者对品牌资产的独特作用，较为合理地解释了市场视角下的品牌资产理论构建，但是在理论和实践层面上也存在着些许不足。首先，凯勒品牌资产维度模型强调了消费者对品牌联想的重要性，却缺乏对品牌联想的作用机制的详细阐释；其次，在营销实践层面，该模型很难用于建立品牌价值评估系统。[2]

3. 其他品牌资产维度

马丁和布朗（Martin & Brown，1990）将品牌资产划分为五个维度，包括品牌形象、品牌承诺、可信任性、感知价值和感知质量。西蒙和苏利文（Simon & Sullivan，1993）将"进入顺序"和"广告占

---

[1] Keller K L. "Conceptualizing, Measuring and Managing Customer-based Brand Equity", *Journal of Marketing*, 57, no.1 (1993): 1-22.

[2] 黄合水、雷莉：《品牌与广告的实证研究》，北京大学出版社2006年版。

有率"也归入品牌资产中。① 拉萨儿等（Lassar et al., 1995）在马丁（Martin）等的基础上加入了品牌依恋，形成了新的五维度模型，即品牌形象、可信任性、价值、品牌依恋及品牌表现。② 尤和丹修（Yoo & Donthu, 2001）在艾克的品牌资产模型基础上对品牌资产的维度进行了简化处理，通过对胶卷、彩电及运动鞋这三个行业的实证研究，确定了品牌资产的维度，包括品牌忠诚度、品牌联想及感知质量；③ 同时，他们还指出文化差异影响着消费者对品牌资产具体维度的偏好。例如，在美国，消费者偏好感知质量；而在韩国，消费者则偏好品牌忠诚度。④ 沃什伯恩和普兰克（Washburn & Plank, 2002）在此基础上对尤和丹修的模型作了验证，证实了其维度的有效性。⑤ 帕普等（Pappur et al., 2005）通过实验研究了品牌资产的构成维度，将品牌个性归为品牌联想维度中，形成了品牌忠诚度、品牌联想、品牌知名度和感知质量的四维模型。⑥

在西方学者的研究基础上，范秀成（2000）提出了品牌权益（Brand Equity）三维模型，认为品牌权益分为财务、顾客和延伸权益。⑦ 同时，他还提出了以忠诚因子为核心的品牌价值评估方法，用

---

① Simon C J, Sullivan M W. "The Measurement and Determinants of Brand Equity: A Financial Approach", *Marketing Science*, 12 no.1 (1993): 28 – 52.

② Lassar W, Mittal B, Sharma A. "Measuring customer-based brand equity", *Journal of Consumer Marketing*, no.12 (1995): 11 – 19.

③ Yoo B, Donthu N. "Developing and Validating A Multidimensional Consumer-based Brand Equity Scale", *Journal of Business Research*, 52, no.1 (2001): 1 – 14.

④ Yoo B, Donthu N, Lee S. "An Examination of Selected Marketing Mix Elements and Brand Equity", *Journal of the Academy of Marketing Science*, 28, no.2 (2000): 195 – 211.

⑤ Washburn J H, Plank R E. "Measuring Brand Equity: An Evaluation of A Consumer-based Brand Equity Scale," *Journal of Marketing Theory and Practice*, 10, no.1 (2002): 46 – 62.

⑥ Pappur R, Quester P G, Cooksey R W. "Consumer-based Brand Equity: Improving the Measurement-empirical Evidence", *The Journal of Product and Brand Management*, 14, no.3 (2005): 143 – 154.

⑦ 范秀成：《品牌权益及其测评体系分析》，载《南开管理评论》2000年第1期，第9 – 15页。

于反映目标客户在未来的重复购买率。① 黄合水和彭聘龄（2002）强调了在品牌资产形成中品牌联想的关键性作用。② 卫海英和王贵明（2003）以大量的企业为研究对象，进行了问卷调研，通过因子分析得到了五个品牌资产的维度。该维度主要从企业角度出发，包括市场地位及创新能力等。③ 赵占波（2005）以特定的行业为对象，对品牌资产重新进行了维度划分。与艾克品牌资产维度模型的区别在于，赵占波对品牌忠诚度的内涵和外延进行了扩展，其中包含品牌联想等三个方面。④ 王海忠等（2006）研究了北京、上海、广州等区域性城市，论证了品牌资产与产出模式之间的逻辑关系，并提出了与之相对应的品牌资产维度。⑤ 何佳讯（2006）从认知心理学出发，以我国品牌关系为背景，构建了相应的品牌资产维度模型，为品牌资产本土化提供了很好的范例。⑥ 古安伟（2012）从消费者－品牌关系视角出发，讨论了品牌资产的形成过程，构建了品牌资产驱动模型的结构方程，并开发了相关的量表。⑦ 李存超（2014）基于消费者行为理论的研究范式，开发了电商服务质量的量表，并讨论了其对品牌资产的作用机制。⑧

---

① 范秀成：《基于顾客的品牌权益测评：品牌联想结构分析法》，载《南开管理评论》2000年第6期，第9－13页。
② 黄合水、彭聘龄：《论品牌资产——一种认知的观点》，载《心理科学进展》2002年第3期，第350－359页。
③ 卫海英、王贵明：《品牌资产与经营策略因子关系的回归分析——对105家大中型企业的问卷调查》，载《学术研究》2003年第3期，第63－65页。
④ 赵占波：《品牌资产维度的探索性研究》，载《管理科学》2005年第5期，第10－16页。
⑤ 王海忠、于春玲、赵平：《品牌资产的消费者模式与产品市场产出模式的关系》，载《管理世界》2006年第1期，第106－119页。
⑥ 何佳讯：《品牌资产测量的社会心理学视角研究评价》，载《外国经济与管理》2006年第4期，第48－52页。
⑦ 古安伟：《基于消费者关系视角的品牌资产概念模型及其驱动关系研究》（学位论文），吉林大学（2012年）。
⑧ 李存超：《电子商务平台服务质量对品牌资产的影响机理研究》（学位论文），山东大学（2014年）。

4. 本研究品牌资产维度的界定

通过上述对品牌资产维度的讨论可知，目前，无论是国外还是国内学者，都将品牌资产置于消费者视角之下。本研究对品牌资产维度的相关文献进行了整理，具体如表5-1所示。

表5-1 基于消费者视角衡量品牌资产的研究总结

研究者	构成维度
Aaker（1991，1998）	品牌忠诚度、品牌知名度、感知质量、品牌联想
Keller（1993，2001）	品牌知识
Yoo，Donthu（2001）	品牌忠诚度、品牌联想、感知质量
Martin，Brown（1990）	品牌承诺、感知价值、感知质量、可信任性和品牌形象
Lassar，Mitta，Sharma（1995）	品牌形象、可信任性、品牌表现、价值和品牌依恋
Simon，Sullivan（1993）	将"进入顺序"和"广告占有率"归为品牌资产
McDowell（2004）	功能性、人格化和声望
Pappur，Quester，Cooksey（2005）	品牌忠诚度、品牌联想、品牌知名度和感知质量
范秀成（2000）	财务、顾客和延伸权益
卫海英和王贵明（2003）	市场地位、顾客认知价值、品牌联想、创新能力、市场执行力
赵占波（2005）	品牌忠诚度、品牌形象、品牌支持、企业家形象、品牌创新、品牌韧性和品牌延伸
王海忠、于春玲和赵平（2006）	品牌知名度、品牌共鸣、感知质量以及公司能力联想

续表 5-1

研究者	构成维度
何佳讯（2006）	社会价值表达、真有与应有之情、相互依赖、信任、承诺和自我概念联结等方面
古安伟（2012）	品牌认知、品牌情感和品牌行为

资源来源：本研究整理。

从消费者的视角看，品牌资产在营销学中占据着主导地位，品牌资产的维度认可长期以来没有形成统一的观点。就当下而言，关于品牌资产的测量，品牌忠诚度、品牌联想、品牌知名度及感知质量是常被提到的维度（Aaker, 1991, 1998; Keller, 1993, 2001; Lassar, Mitta, Sharma, 1995; Yoo, Donthu, 2001）；但是关于品牌联想、品牌忠诚度和品牌知名度之间的内在联系却始终存在争议。[1]

在网络环境下，社交媒体的品牌已经长尾化，比较有品牌知名度的社交媒体成为一个竞争激烈的小团体，同时，媒介和用户之间不存在直接的利益交换。媒介提供给用户的是网络服务，不是传统经济下消费者所感觉到的实体产品的品质，用户对 QQ、微信、微博、脸书等社交媒体品牌的感知价值体现在品牌认知和品牌联想上。根据上述文献分析，品牌忠诚度无疑是全部维度中最重要的一环。结合 Yoo 和 Donthu（2001）的品牌资产维度模型以及黄合水等（2002）对品牌资产形成的重要作用的讨论[2]，本研究采用品牌忠诚度这个重要指标作为社交媒体品牌资产的维度。

因此，综合相关文献的量表设计，本研究提出以下社交媒体品牌资产维度测项，具体如表 5-2 所示。

---

[1] 李启庚：《品牌体验的形成及对品牌资产的影响研究》（学位论文），上海交通大学（2012 年）。

[2] 黄合水、彭聘龄：《论品牌资产——一种认知的观点》，载《心理科学进展》2002 年第 3 期，第 350-359 页。

表5-2 品牌资产维度测项

维度	编号	题项	参考文献
品牌资产	LOY1	我是该社交媒体的忠实用户	Aaker, 1991, 1998; Keller, 1993, 2001; Yoo, Donthu, 2001; 王海忠、于春玲和赵平, 2006
	LOY2	该社交媒体是我的首选	
	LOY3	我经常使用该社交媒体	
	LOY4	比起其他品牌,我更喜欢该社交媒体	

资料来源:本研究整理。

二、媒体感知价值对品牌资产的影响及假设

媒体感知价值的各个维度不仅可以直接作用于品牌资产,还可以通过将部分维度作为中间变量作用于品牌资产。本研究认为在社交媒体领域里,媒体感知价值对品牌资产的直接影响是由以用户为中心的商业业态所决定的,这些影响可以通过媒体感知价值的四个维度表现出来。同时,一些重要的维度也会在品牌资产中起到一定的中介作用。

(一)媒体感知价值对品牌资产的直接影响

媒体感知价值对品牌资产的直接影响的基石是以用户为中心的商业业态。一般认为,媒体感知价值是以用户为中心的,在用户与社交媒体互动的过程中,都是以各自利益最大化来满足自身需求。两者虽没有直接的经济利益交换,但是在媒介产业的商业业态之下,用户所提供的"注意力"能够为社交媒体企业从第三方带来相应的经济利

益,① 如图 5-1 所示。

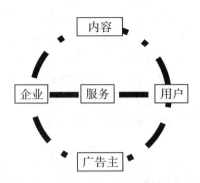

图 5-1 社交媒体企业盈利模式

资料来源：陈威如、余卓轩：《平台战略——正在席卷全球的商业模式革命》，中信出版社 2013 年版。

在社交媒体平台上，内容已不再是由媒介企业所提供，而是由社交媒体平台上的用户自己生产。那么，在这种模式下，企业一般不会向用户收取任何费用。但是企业为了持续经营，其收入一定来自用户的价值。那么，用户价值是如何为企业带来收益的呢？一般情况下，用户通过使用社交媒体平台产生了两类价值：一类是平台内的大量流量会增加用户对平台的黏性。这种黏性会产生广告价值，比如微博在其平台上的各类广告。当然，这种模式和第二类的模式有相同之处，但是其弊端也是非常明显的——用户对广告天然的厌恶会导致其逃离这个平台。目前，微博在运营中的最大问题是用户的流失导致其广告价值的下降。另一类价值是在平台内提供增值服务，避免平台内的广告对用户体验的冲击，这种增值服务可以将用户的流量转化到其他方面。例如，在 QQ 的 PC 端，用户在使用 QQ 的时候是没有广告的，但是在 QQ 弹窗中会有新闻窗口，这种方式就是将 QQ 的流量导入到QQ 门户中去，将社交媒体的用户价值转化成门户网站的广告价值。

---

① 陈威如、余卓轩：《平台战略——正在席卷全球的商业模式革命》，中信出版社 2013 年版。

这种转化对平台中用户黏性的影响较小。在平台中，用户流量也能通过一些增值服务得到转化。例如，在目前移动互联网的大趋势之下，通过移动支付如微信钱包或者财付通，能将微信平台和 QQ 平台上的用户转化到电商平台上。这种转化对用户个人的生活产生了重大的影响，也改变着媒介生态圈，这样的产业模式已经逐渐被众多社交媒体企业所使用。在这种模式之下，用户和社交媒体之间存在着实质上的价值交换，因此，用户的感知价值也就成为社交媒体品牌资产的驱动因素之一。

通过前人对传统领域里的感知价值和品牌资产之间的关系的研究文献也能看到，媒体感知价值能够直接影响品牌资产。更具体地说，感知价值是品牌资产的直接影响因素这一观点被众多学者所认同。但是具体到工具价值、个人交往价值、娱乐价值以及情感价值对品牌资产的作用机制的研究却较为缺乏。范秀成和罗海成（2003）将感知价值分为功能价值、情感价值和社会价值三个维度，这三个维度影响着顾客的购买行为，并最终对企业绩效产生作用，从而决定着品牌资产的价值。[①] 杨毅（2007）通过对我国零售业的研究证实了顾客感知价值能够通过"品牌信任"和"品牌满意"两个中间变量驱动品牌资产。[②]

具体来看，媒体感知价值可以通过以下四个方面对社交媒体品牌资产产生直接影响。

一是工具价值对社交媒体品牌的影响。社交媒体能够提供有价值的、最新的热点新闻，提供便捷的支付场景，以及为快速且有效地联系周围的朋友提供便利，等等。在这些功能之下，社交媒体从功能上对传统的社交方式以及用户的消费方式产生了根本性的影响，从而增加了用户对社交媒体平台的黏性，提高了市场对社交媒体估值的预期，直接提升了社交媒体平台及其品牌的市场价值。

---

① 范秀成、罗海成：《基于顾客感知价值的服务企业竞争力探析》，载《南开管理评论》2003 年第 6 期，第 41 - 45 页。

② 杨毅：《互联网渠道顾客感知价值研究》（学位论文），大连理工大学（2007 年）。

二是个人交往价值对社交媒体品牌的影响。社交媒体对用户需求的快速响应以及交往场景的不断改善和提升，让用户消除了自己与家人、朋友、同事甚至陌生人之间的距离感，让用户对网络社交有了全新的认识和评价。从这个意义上来看，社交媒体品牌在网络市场上具有独特性，这对于一个全新的品牌来说，其价值不言而喻。

三是娱乐价值对社交媒体品牌的影响。碎片化的生活方式能够让社交媒体高效率地渗透到用户的个人闲暇时间，伴随着手机游戏等产品功能的开发，社交媒体已不仅仅是一个信息交流的平台，更是一个移动的游戏平台及休闲娱乐平台。

四是情感价值对社交媒体品牌的影响。社交媒体成为用户个人发泄情感的场所，让用户感到轻松和被认可，也让用户对其品牌产生情感上的依赖，同时对与该品牌有关的事物产生品牌联想。这一过程是建立在用户对社交媒体经常性使用的基础之上的。这些由社交媒体带给用户的情感价值导致了社交媒体的迅速发展壮大，也进一步促进了用户对社交媒体的情感依赖。

因此，基于以上分析，本研究认为在社交媒体领域里，媒体感知价值能够对社交媒体品牌资产产生直接的影响，媒体感知价值越高，社交媒体的品牌资产也就越高。

综合以上分析，本研究提出如下假设。

H1：社交媒体的工具价值对品牌资产有显著影响。

H2：社交媒体的个人交往价值对品牌资产有显著影响。

H3：社交媒体的娱乐价值对品牌资产有显著影响。

H4：社交媒体的情感价值对品牌资产有显著影响。

（二）媒体感知价值维度间的关系分析及假设

使用社交媒体的需求是有层次的。之前的研究没有对受众的动机和需求进行层次划分。马斯洛（Maslow，1943）认为，个体有各种需求，但其中的一些需求优先于其他需求。马斯洛将人们的需求划分为五个层次：生理需求、对安全和保障的需求、人际关系和归属感的需求、尊重的需求以及自我实现的需求。① 我们建议根据马斯洛的需求层次模型，将受众使用社交媒体的需求也划分为多个层次，从而对感知价值的维度进行层次划分。

我们使用社交媒体来寻找信息、与他人进行沟通属于马斯洛的第二层次需求——对安全和保障的需求。马斯洛的第二层次需求包括广泛领域中的安全和保障，例如情感安全、财务安全、法律和秩序、免于恐惧、社会稳定，以及财产、健康和福祉。媒体用户可以在社交媒体平台上获得各个领域的信息，但是平台的总体目标是帮助他们更好地了解其所生活的世界，监视环境并维护其安全、健康、财富和福祉。特别是在国内移动支付和移动政务办公发达的环境下，公民可以通过官方公众号时刻了解政府的政策和决定，这与公民的日常生活息息相关，因此至关重要。②

相比之下，使用社交媒体进行以娱乐和聊天为主的活动属于更高层次的需求——人际交往的需求。当用户使用社交媒体进行人际交往时，他们通过相互之间信息的分享、评论等娱乐性互动来促进彼此情感的联结，以及产生很高的信任感，这很符合马斯洛第三层次需求的定义。使用社交媒体寻求社会地位和自我情感属于马斯洛的最高层次需求，包括地位和声望。总体而言，我们认为受众使用社交媒体获取信息的需求层次较低，人们愿意花更多时间利用社交媒体进行娱乐和情感交流，以满足更高层次的需求。

根据沙赫特和辛格（Schachter & Singer, 1962）的观点，个人的认知是决定其情绪的关键因素，而信息的交流可以帮助人们构建和改变认知。③ 受众在社交媒体上获取信息以及与政府和组织互动沟通可能会影响人们将社交媒体用于娱乐、人际交往和寻求社会地位的使用

---

① Maslow A H. "A Theory of Human Motivation", *Psychological Review*, 50, no. 4 (1943): 370–396.

② 张鸣民、叶银娇、徐萍:《社交媒体感知价值的量表开发及验证》，载《新闻与传播评论》2021年第5期，第28–42页。

③ Schachter S, Singer J. "Cognitive, Social, and Physiological Determinants of Emotional State", *Psychological Review*, 69, no. 5 (1962): 379–399.

动机。简而言之，从社交媒体获取信息以及与人进行沟通是社交媒体用户的最基本需求。对于受众来说，这些基本需求有助于激发人们将社交媒体用于娱乐并激发个人情感的动机。基于这种间接关系，我们提出以下假设。

H5：社交媒体的工具价值对情感价值有显著影响。

H6：社交媒体的工具价值对娱乐价值有显著影响。

H7：社交媒体的个人交往价值对情感价值有显著影响。

H8：社交媒体的个人交往价值对娱乐价值有显著影响。

根据假设 H1～H8，我们同时可以假设社交媒体的娱乐价值和情感价值在品牌资产作用模型中可能存在中介作用，因此提出以下假设。

H9：社交媒体的娱乐价值在工具价值和品牌资产之间起到了中介作用。

H10：社交媒体的娱乐价值在个人交往价值和品牌资产之间起到了中介作用。

H11：社交媒体的情感价值在工具价值和品牌资产之间起到了中介作用。

H12：社交媒体的情感价值在个人交往价值和品牌资产之间起到了中介作用。

三、研究方法

研究方法采用问卷调查的方式。我们在第四章已经对媒体感知价值的量表进行了开发，并对其概念作了详尽的学理阐释，接下来将通过问卷测量媒体感知价值和品牌资产之间的关系，因此，问卷设计包含对品牌资产以及媒体感知价值的测项。其中，媒体感知价值部分采纳了第四章的量表（见表4-13），品牌资产部分采纳了前文文献分析结果中的表5-2。问卷主体部分测项包括媒体感知价值的15个测项和品牌资产的4个测项；同时，问卷还包含受访者人口统计学方面的信息。

（一）量表设计

量表的制作遵循以下几个原则。

首先，让受访者对自己的一般行为或典型行为进行评估，不要求尝试回忆（Blair & Burton，1987）。绝大多数受访者如果没有特别的刺激，一般不太愿意花太多力气去重构或回忆问卷调查需要他们报告的事情。因此，问卷设计上尽量采用结构简单的语句，将各个维度的内容分解，并采用统一的句式进行设计，以减少受访者思考的时间，让受访者迅速判断结果，更重要的是能够准确获得受访者的心理感受。

其次，由于研究经费、时间等的限制，本研究尽量采用权威文献中近似的具体量表进行测量，以保证问卷信度和内容效度。本研究的问卷中的每一个题项都尽量包含一个维度的问项。

最后，问卷的主体部分采纳了李克特（Likert）的7点式量表，"1"表示"非常不同意"，"7"表示非常同意。根据第四章的媒体感知价值量表及本章的文献梳理，整理制作了媒体感知价值对社交媒体品牌资产的作用机制量表。

（二）样本选择

根据中国互联网络信息中心2016年对社交媒体的用户行为进行调研的结果，微博、微信的用户群体主要集中在高收入、高学历人群，超过一半以上的人群收入在3000元以上，其中，60%以上具有大专及以上学历。相比之下，微信用户的年龄比微博用户的年龄略大，但是两者在20～40岁之间的用户人群占比均超过83%。

本研究以中国互联网络信息中心的调研结果为参考，分别在高校以及问卷星网站上进行在线匿名问卷调查。为了满足上述条件，本研究通过以下几个渠道进行样本收集：①在QQ群体中发布在线问卷，主要对象是在校的硕士研究生、博士研究生以及国有大中型企业的员工；②通过微信朋友群体进行带有奖励性质的问卷填写，主要针对部分社会人士；③为了扩大问卷调研的地域范围及年龄范围，本研究在问卷星网站上设置了定向条件，包括固定 IP 地址位置的限制和填写人群年龄的限制，力求整个调研的人口信息数据符合中国互联网络信息中心的调研结果。另外，由于时间、资金和社会资源方面的限制，本研究没有采取线下调研的形式。

（三）数据收集

本研究调研数据的收集分为以下两个阶段。

1. 预调研阶段

首先是预调研阶段。本次预调研在问卷星上发出问卷共计 115 份，对原始问卷进行筛选，排除漏选等不完整问卷 8 份，有效回收问卷共计 107 份。然后，使用 SPSS 20.0 以及 Mplus 7.4 对问卷数据进行信度和效度检验，达到预期效果，可以进行正式问卷调研。

2. 正式调研阶段

本研究通过问卷星将调查问卷链接发送到各个渠道，获得了每份样本的 IP 地址，以保证问卷样本结果的真实有效。本次调研共发放问卷 521 份，排除漏答等无效样本，收集有效总样本量 514 份，主体问卷题项数为 19 项，有效样本总量超过题项数的 10 倍，达到预期效果（Nunnally，1978；Hair，1988）。

四、实证分析

(一) 模型分析介绍

结构方程假定潜变量之间存在因果联系,首先通过一组显变量的线性组合对潜变量进行表示,再对各个显变量之间的协方差进行进一步验证。通过所估计的回归系数判断模型中各个潜变量之间的关系是否合理有效,同时能够获得各变量之间的影响路径以及相关系数等,从而完成模型的构建。模型的适用范围包括对大样本数据的检验。[①]

本研究依据假设 H1～H8,将各个变量的因果关系以结构方程的方式展示,构建了测量模型和结构模型,将问卷统计数据导入模型中进行运算。首先,进行数据的描述性统计,判断样本的合理性;然后,对问卷进行信度和效度检验,删除不合理的题项,让问卷具有较高的内容效度和结构效度;最后,将删除后得到的有效数据导入结构方程模型中进行数据分析,检验模型拟合性,计算路径系数,判断模型假设是否成立。

(二) 描述性统计

通过描述性统计分析中的均值、百分比、极值、方差、标准差等指标来反映数据的整体结构。数据的描述性统计分为两个部分:首先是样本的人口统计学信息的描述性统计,包括性别、年龄、受教育程度、收入状况等基本信息;然后是各个变量的描述性统计,包括变量的极值、均值、标准差等数据信息。

---

① 程开明:《结构方程模型的特点及应用》,载《统计与决策》2006 年第 10 期,第 22 - 25 页。

1. 样本的描述性统计

通过对样本特征的描述性统计可以看出（见表 5-3），年龄段在 20～40 岁的受访者占到总人数的 85% 以上，成为社交媒体的主要使用人群；月收入方面，收入在 4000 元以上的人群占到总人数的 55% 以上；在学历上，拥有本科及以上学历的人群占比达到 90% 以上；在性别统计上，男性多于女性；在婚姻状况统计上，未婚多于已婚。从年龄分布、收入结构以及学历上看，本次调研的结果与《中国互联网信息中心对社交媒体的用户行为调查报告》中所描述的结果基本一致，但是该报告未反映用户的性别和婚姻状况。

表 5-3 样本描述性统计

特征	分类	样本数（份）	百分比（%）	有效百分比（%）	累积百分比（%）
性别	男	263	51.17	51.17	51.17
	女	251	48.83	48.83	100.00
	合计	514	100.00	100.00	—
年龄	20 岁及以下	37	7.20	7.20	7.20
	21～30 岁	248	48.25	48.25	55.45
	31～40 岁	198	38.52	38.52	93.97
	40 岁以上	31	6.03	6.03	100.00
	合计	514	100.00	100.00	—
婚姻状况	已婚	202	39.30	39.30	39.30
	未婚	312	60.70	60.70	100.00
	合计	514	100.00	100.00	—

续表 5-3

特征	分类	样本数（份）	百分比（%）	有效百分比（%）	累积百分比（%）
学历	高中及以下	16	3.11	3.11	3.11
	大专	31	6.03	6.03	9.14
	本科	412	80.16	80.16	89.30
	硕士	51	9.92	9.92	99.22
	博士	4	0.78	0.78	100.00
	合计	514	100.00	100.00	—
职业	学生	158	30.74	30.74	30.74
	公务员及事业单位人员	62	12.06	12.06	42.80
	企业人员	252	49.03	49.03	91.83
	其他	42	8.17	8.17	100.00
	合计	514	100.00	100.00	—
月收入	2000 元及以下	142	27.63	27.63	27.63
	2001～3000 元	26	5.06	5.06	32.68
	3001～4000 元	59	11.48	11.48	44.16
	4001～5000 元	76	14.79	14.79	58.95
	5000 元以上	211	41.05	41.05	100.00
	合计	514	100.00	100.00	—

资料来源：本研究根据 SPSS 20.0 数据结果整理。

2. 变量的描述性统计

本研究对 19 个观察变量进行了描述性统计分析，获得其最大值、最小值、平均值以及标准差。根据表 5-4 的数据结果，上述测量值均在合理范围内，能够进行结构方程模型检验。

表5-4 描述性统计

变量	数量（个）	最小值（M）	最大值（X）	平均值（E）	标准差
ENT1	514	1	7	5.817	1.036
ENT2	514	1	7	5.835	1.048
ENT3	514	1	7	5.866	1.018
ENT4	514	1	7	3.014	0.716
ENT5	514	1	7	5.127	1.075
EMO1	514	1	7	5.115	1.316
EMO2	514	1	7	4.568	1.487
EMO3	514	1	7	3.568	1.577
EMO4	514	1	7	4.949	1.223
INT1	514	1	7	5.432	1.295
INT2	514	1	7	5.381	1.486
INT3	514	1	7	5.689	1.277
INS1	514	1	7	5.809	1.097
INS2	514	1	7	5.813	1.060
INS3	514	1	7	5.706	1.138
LOY1	514	1	7	5.883	1.070
LOY2	514	1	7	5.879	1.140
LOY3	514	1	7	6.477	0.775
LOY4	514	2	7	5.755	1.040

资料来源：本研究根据 SPSS 20.0 数据结果整理。

（三）数据信度检验

本研究通过克伦巴赫阿尔法系数指标检验问卷的内部一致性，即问卷信度。数值越大，说明相关性越高，表示信度越好。根据 SPSS 的可靠性分析进行克伦巴赫阿尔法系数的计算。Hair 等（1998）认为，总量表的信度系数 Cronbach's Alpha 值在 0.8 以上表示很理想，在 0.7～0.8 之间表示可以接受；分量表的信度系数 Cronbach's Alpha 值一般在 0.7 以上表示理想，在 0.6～0.7 之间表示可以接受；若是 Cronbach's 克伦巴赫阿尔法系数值在 0.6 以下，表示需要放弃原问卷，重新编制新问卷。

本研究进行信度检验的结果如表 5-5 所示，删除影响信度的题项（*EMO*3、*ENT*4 和 *ENT*5）后，总体的 Cronbach's Alpha 值为 0.821，说明将第四章的媒体感知价值量表和第五章文献分析的各题项整合后所得到的量表具有很高的总体信度。5 个维度的 Cronbach's Alpha 值均在 0.7 以上，其中，娱乐价值的 Cronbach's Alpha 值达到了 0.748。综合以上数据，可以认为问卷通过了信度检验，具有很好的内在一致性信度。

表 5-5 对量表维度进行信度检验

维度	删除后测项数（个）	Cronbach's Alpha	总体 Cronbach's Alpha
工具价值	3	0.747	0.821
个人交往价值	3	0.730	
娱乐价值	3	0.748	
情感价值	3	0.736	
品牌资产	4	0.735	

资料来源：本研究根据 SPSS 20.0 数据结果整理。

（四）数据效度检验

效度检验是论证测量工具即量表与研究者所想测量的变量之间的吻合程度。根据现行美国标准《教育和心理测试标准》，一般来说可以从内容效度和结构效度两个方面进行检验。

1. 内容效度的检验

内容效度的检验主要包括三个方面：一是所测量的内容是否充分并准确地覆盖了想要测量的目标构念；二是测量指标是否具有代表性，它们的分配是否反映了所研究的各个成分的重要性比例；三是问卷的形式和措辞对于回答者来说是否妥当，是否符合他们的文化背景和用语习惯。检验内容效度的时候，可以采用逻辑分析法、专家判断法或实证研究法。本研究采用的是专家判断法和实证研究法相结合的方法来进行内容效度的检验：首先，组织与本研究有关的老师、业界人士进行讨论，并请他们根据自己的理解，把每个指标放入对应的构念中，对反映某一构念的程度使用李克特量表进行打分；然后，通过统计分析来比较每个指标在每个构念上的得分是否一致；最后，组织大家根据结果对问卷题项进行调整，并逐一判断题项是否符合对构念的解释，以达成一致。因此，可以认为本研究的内容效度较好（Carmines & Zeller, 1979; Hinkin & Tracey, 1999; 罗胜强和姜嬿, 2014[1]）。

2. 结构效度的检验——验证性因子分析

结构效度的检验通过验证性因子分析来完成。对问卷数据是否与我们对构念的预期结构一致进行检验，即构念是一维的还是多维的，包含哪些维度和指标。本研究采用了偏最小二乘结构方程（Partial Least Square Structural Equation Modeling, PLS-SEM）的方法进行分析，利用 SmartPLS 3.0 进行数据处理，检验了测量模型的信度、收敛效度和区别效度。在实际操作中可以通过因子的平均提取方差值（Average Variance Extracted, AVE）来判别其收敛效度和区别效度，并以此来代表量表的结构效度（Fomell & Lareker, 1981）。平均提取

---

[1] 罗胜强、姜嬿：《管理学问卷调查研究方法》，重庆大学出版社 2014 年版，第 148–149 页。

方差值反映了每个潜变量所解释的变异量中有多少来自该潜变量所有测项,当平均提取方差值的绝对值大于0.50时,表示该潜变量具有较好的收敛效度。当平均提取方差值符合上述条件且同时满足其平方根大于相关系数时,则可认为问卷效度通过了一致性检验;反之,则不通过。

根据数据处理结果可知,各个潜变量的因子载荷大于0.6;各个潜变量的组合信度(Construct Reliability,CR)均大于0.7,同时Cronbach's Alpha值也大于阈值0.7,说明量表具有很好的信度;平均提取方差值(AVE)大于阈值0.5,说明该量表具有较好的收敛效度;潜变量的平均提取方差值的平方根均大于该维度与其他维度之间的相关系数(见表5-6),说明量表具有良好的区别效度。最后,各个测项不存在共线性的问题,说明实验数据的结果良好。

表5-6 验证性因子分析报告

收敛效度	克伦巴赫阿尔法系数	可靠性系数	组合信度	平均提取方差(AVE)
EMO	0.738	0.751	0.850	0.655
ENT	0.748	0.764	0.855	0.663
INS	0.748	0.748	0.856	0.665
INT	0.732	0.749	0.848	0.651
LOY	0.735	0.741	0.834	0.559
收敛效度	EMO	ENT	INS	INT	LOY
EMO	0.809	—	—	—	—
ENT	0.171	0.814	—	—	—
INS	0.193	0.415	0.816	—	—
INT	0.246	0.169	0.325	0.807	—
LOY	0.293	0.408	0.427	0.360	0.748

续表 5-6

测项	方差膨胀系数
EMO1	1.504
测项	方差膨胀系数
EMO2	1.512
EMO4	1.397
ENT1	1.511
ENT2	1.483
ENT3	1.489
INS1	1.574
INS2	1.504
INS3	1.433
INT1	1.327
INT2	1.543
INT3	1.552
LOY1	1.566
LOY2	1.653
LOY3	1.260
LOY4	1.305

（五）模型验证

继续对结构模型进行分析，讨论媒体感知价值对品牌资产的影响，将问卷数据集导入结构方程模型中进行运算，获得变量间的路径系数及标准化系数。首先，如表 5-7 所示，模型中 3 个内生变量——情感价值、娱乐价值和品牌资产的解释方差分别为 0.075、

0.173 和 0.319，其中娱乐价值和品牌资产的解释方差大于 0.10，解释力较高，因此，模型解释力令人满意。其次，本研究中情感价值、娱乐价值和品牌资产的 Q^2 值分别为 0.045、0.109 和 0.172，均大于阈值 0.02，表明结构模型的数据质量良好。

表 5-7 结构模型检验结果

测项	判定系数 R^2	调整后的 R^2	总离差平方和	和方差	决定系数 Q^2
EMO	0.075	0.071	1542	1471.998	0.045
ENT	0.173	0.170	1542	1373.707	0.109
INS	—	—	1542	1542.000	—
INT	—	—	1542	1542.000	—
LOY	0.319	0.313	2056	1703.307	0.172
假设及路径	路径系数	样本均值	标准差	T 统计量	P 值
H1：INS→LOY	0.226	0.226	0.046	4.866	0.000
H2：INT→LOY	0.205	0.209	0.050	4.084	0.000
H3：ENT→LOY	0.252	0.254	0.048	5.282	0.000
H4：EMO→LOY	0.156	0.153	0.048	3.248	0.001
H5：INS→EMO	0.126	0.127	0.051	2.5	0.013
H6：INS→ENT	0.402	0.406	0.056	7.242	0.000
H7：INT→EMO	0.205	0.209	0.047	4.382	0.000
H8：INT→ENT	0.038	0.040	0.048	0.800	0.424

我们使用 SmartPLS 3.0 进行了 Bootstrap（$n=1000$）分析。根据表 5-7 的结果可知，结构模型里 8 个假设有 7 个得到了验证，模型整体的验证效果较好，如图 5-2 所示。验证效果证实了工具价值、个人交往价值、娱乐价值和情感价值对社交媒体品牌忠诚度的影响显著，即媒体感知价值越高，受众对社交媒体的品牌忠诚度就越高。因

此，假设 H1、H2、H3 和 H4 成立。在媒体感知价值内部，工具价值对情感价值和娱乐价值的影响显著。然而，个人交往价值对情感价值的影响显著，对娱乐价值的影响不显著。因此，假设 H5、H6 和 H7 成立，假设 H8 不成立。

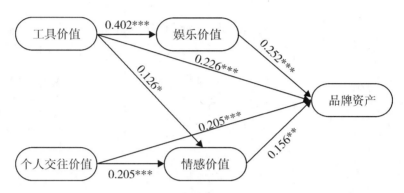

图 5-2　结构方程模型结果

资料来源：本研究根据 SmartPLS 3.0 数据结果整理。

注："*""**""***"分别表示 P 值在 0.1、0.05、0.01 水平上显著。

（六）中介效应检验

根据前面的结果继续对假设 H9～H12 进行检验，采用偏差校正的百分位 Bootstrap 法来检验中介效应，Bootstrap 样本量设置为 1000，用估计值序列第 2.5 百分位和第 97.5 百分位估计 95% 的中介效应置信区间。根据中介效应检验结果（见表 5-8），工具价值（路径系数 = 0.102，标准差 = 0.026，$P < 0.001$）通过娱乐价值对品牌资产产生影响；个人交往价值（路径系数 = 0.032，标准差 = 0.011，$P = 0.005 < 0.05$）通过情感价值对品牌资产产生影响。因此，假设 H9 和 H12 成立。然而，假设 H10（$P = 0.437 > 0.05$）和 H11（$P = 0.054 > 0.05$）不成立。

表5-8 中介效应检验（样本量为514，Bootstrap样本量为1000）

假设	路径	路径系数	样本均值	标准差	T统计量	P值	置信区间 2.5%下限	置信区间 97.5%上限
H9	INS→ENT→LOY	0.102	0.103	0.026	3.979	0.000	0.058	0.157
H10	INT→ENT→LOY	0.010	0.01	0.012	0.778	0.437	-0.014	0.037
H11	INS→EMO→LOY	0.020	0.019	0.01	1.931	0.054	0.002	0.042
H12	INT→EMO→LOY	0.032	0.032	0.011	2.787	0.005	0.011	0.056

本章小结

本章主要讨论了媒体感知价值对品牌资产的影响，包括以下两部分内容。

一是在模型原理介绍的基础上对调研数据进行了描述性分析以及信度、效度检验。经分析可知，全部数据具有良好的信度、效度。

二是将问卷数据导入结构方程模型，对模型相关假设进行验证，并分析了各个检验假设的通过情况及各路径之间的关系。研究结果（见图5-2）表明：

第一，媒体感知价值与品牌资产之间存在正向显著关系。具体来说，媒体感知价值的四个维度——工具价值、个人交往价值、娱乐价值和情感价值分别对品牌资产产生正向作用。

第二，在媒体感知价值内部，工具价值对娱乐价值和情感价值具有正向作用；同时，个人交往价值对情感价值存在正向作用。

第三，社交媒体的娱乐价值在工具价值和品牌资产之间起到了中介作用；同时，社交媒体的情感价值在个人交往价值和品牌资产之间起到了中介作用。

第四，全部12个假设中有9个假设成立（见表5-9）。

表5-9 全部假设结果

序号	编号	假设	是否成立
1	H1	社交媒体的工具价值对品牌资产有显著影响	成立
2	H2	社交媒体的个人交往价值对品牌资产有显著影响	成立
3	H3	社交媒体的娱乐价值对品牌资产有显著影响	成立
4	H4	社交媒体的情感价值对品牌资产有显著影响	成立
5	H5	社交媒体的工具价值对情感价值有显著影响	成立
6	H6	社交媒体的工具价值对娱乐价值有显著影响	成立
7	H7	社交媒体的个人交往价值对情感价值有显著影响	成立
8	H8	社交媒体的个人交往价值对娱乐价值有显著影响	不成立
9	H9	社交媒体的娱乐价值在工具价值和品牌资产之间起到了中介作用	成立
10	H10	社交媒体的娱乐价值在个人交往价值和品牌资产之间起到了中介作用	不成立
11	H11	社交媒体的情感价值在工具价值和品牌资产之间起到了中介作用	不成立
12	H12	社交媒体的情感价值在个人交往价值和品牌资产之间起到了中介作用	成立

资料来源：本研究整理。

第六章 媒体感知价值对品牌关系的影响

一、模型构建与研究假设

本章也是在第四章的研究成果基础上，继续展开媒体感知价值对品牌关系作用机制的研究，采用的研究方法和第五章一致。在本章中，媒体感知价值量表和第五章最终的量表一致，包括 12 个题项；品牌关系量表采用单一维度的量表，包括 2 个品牌满意题项和 2 个品牌信任题项。

（一）品牌关系的作用

在营销领域里，学界关于感知价值对品牌关系产生作用的相关研究比较丰富。本研究的品牌关系包含两个方面：一是品牌信任，二是品牌满意。顾客与企业之间的联系对品牌资产的作用也是从这两个方面入手的。对于信任问题，心理学者将其归结为个体心理发展中的期望。在营销领域里，顾客与企业之间所建立的稳定结构的供求关系就构成了两者相互的信任。这种稳定结构包括顾客对企业产品的感知风险并使之能够对冲与企业交易中的感知利得的衡量，由此与企业形成稳固的合作关系。理性的消费者都会通过"信任"和"满意"这两个维度去判定与企业品牌的关系，以此作出长期购买决策。胡晓瑞等人（2010）构建了信任与品牌资产的研究模型，证实了品牌信任与品牌资产之间存在着显著的正向影响。① 柯林等（2000）亦指出在网络环境下，网络信任对品牌资产有着十分重要的影响。②

但是，顾客和企业之间还存在着信息不对称的矛盾，阻碍了品牌关系的发展。Ba 和 Pavlou（2006）对传统领域的研究表明，顾客可以通过亲身体验的方式来消除对品牌的不信任，但是在网络环境下，顾客无法亲临检验，信息不对称在此被扩大化了。③ 当这种信息不对称在整个互联网环境中蔓延的时候，对产业的影响是巨大的。因此，为了建立品牌信任推出了审查制度。企业自查式的审查制度弥补了虚拟渠道与实体渠道的顾客感知差异，在互联网企业里被广泛推广。例如，阿里推出了网店评级及售后评级服务，同时为了保证支付安全，扩大了支付宝的职能，通过实名认证等方式消解双方的不信任感。经过这一系列举措，阿里构建了互联网的品牌信任，直接提升了网络平台的销量，增加了该企业的品牌价值。

（二）媒体感知价值与品牌关系间的关系分析及假设

1. 媒体感知价值与品牌信任

Sirdeshmukh 等（2022）将信任视为顾客感知价值和品牌忠诚的前置因素，认为顾客建立的信任关系会为顾客创造更多的价值。④ 然

---

① Hu X, et al. "The Effects of Web Assurance Seals on Consumers' Initial Trust in an Online Vendor: A Functional Perspective", *Decision Support Systems*, 48, no. 2 (2010): 407 – 418.

② Colin J, et al. "Trust, Brand Equity and Brand Reality in Internet Business Relationships: An Interdisciplinary Approach", *Journal of Marketing Management*, 16, no. 6 (2000): 619 – 634.

③ Ba S, Pavlou P A. "Evidence of the Effect of Trust Building Technology in Electronic Markets: Price Premiums and Buyer Behavior", *MIS Quarterly*, 26, no. 3 (2006): 243 – 268.

④ Sirdeshmukh D, Singh J, Sabol B. "Consumer Trust, Value, and Loyalty in Relational Exchanges", *Journal of Marketing*, 66, no. 1 (2002): 15 – 37.

而,信任是顾客价值和品牌忠诚的前因这一观点在学术界存在争议。在更多学者看来,顾客价值(感知价值)会直接影响品牌信任与品牌满意。

从顾客和企业的关系来看,顾客首先要和企业之间建立一定的联系,例如通过产品、购物环境、企业的广告等因素建立联系,这种联系不是建立在顾客对品牌的信任基础之上的,而是在信任和满意之外事先存在的,通过对产品的使用或对企业的主观感知,产生了顾客感知价值,从而建立起品牌信任和品牌满意。换句话说,顾客认为企业及其提供的产品或服务是有价值的,才进而信赖该品牌。因此,学者们更倾向于认为感知价值是品牌信任和品牌满意的前置因素,这是人类理性选择的结果。企业唯有为顾客创造更多的价值,才能获得顾客的信任。尤其在互联网环境下,缺少了实体经济的有形产品,通过网络服务平台的建立,顾客与企业之间的信任关系建立在顾客对网络产品或服务的感知基础之上。Harris 和 Goode(2004)通过构建在线零售服务的品牌驱动模型,采用实证研究的方法阐明了感知价值不仅对品牌忠诚有直接影响,还通过信任间接促进了顾客的品牌忠诚。[1]

我国学者金玉芳和董大海等(2006)以特定行业为研究背景,对消费者品牌信任的建立机制进行了实验研究,提出了品牌信任建立的三种机制(转移机制、计算机制、经验机制)。他们还探查出反映品牌信任建立机制作用的五个变量,包括品牌声誉、感知风险、感知质量、顾客满意及经济价值,并使用结构方程模型分析了从化妆品行业采集的数据。结果表明:对建立品牌信任起作用的是计算机制和经验机制,经验机制比计算机制发挥的作用还要大,即顾客的感知价值对品牌信任的建立具有积极作用。[2] 韩冰(2007)通过对中国互联网零售业的研究,讨论了顾客信任构建的问题,认为顾客感知价值对我

---

[1] Harris L C, Goode M H. "The Four Levels of Loyalty and the Pivotal Role of Trust: A Study of Online Service Dynamics", *Journal of Retailing*, 80, no.2 (2004): 139–158.

[2] 金玉芳、董大海、刘瑞明:《消费者品牌信任机制建立及影响因素的实证研究》,载《南开管理评论》2006年第5期,第28–35页。

国互联网环境下的顾客信任有着直接的驱动作用。① 杨毅（2007）在金玉芳等的研究的基础上，建立了以顾客感知价值为前置因变量，以品牌满意和品牌信任为中介变量驱动网络渠道顾客感知价值的结构方程模型。② 康庄和石静（2011）以移动通信服务行业为研究背景，验证了感知价值通过品牌信任对品牌资产产生间接影响。③ 李存超（2014）构建了品牌资产的结构方程模型，证实了在电商企业里，顾客的感知价值对品牌信任有正向的显著作用，并且间接作用于品牌资产。④

综上所述，在网络环境下，顾客对网络服务的感知更加理性，网络平台提供产品或服务的同时要注重顾客的期望值，让顾客感觉到自身价值能够得以实现，以建立彼此之间的信任。所以，媒体感知价值对品牌信任有着重要的影响作用。

2. 媒体感知价值与品牌满意

在感知价值和品牌满意之间的相关性的研究方面，关于顾客满意的研究在营销管理学中早已广泛开展，有研究指出，影响顾客满意的首要因素是感知质量，其次是感知价值。⑤ 顾客满意是顾客在市场交易中感知产品或服务的价值的心理状态，是人们对所接受的服务或产品的评价，因此，避开感知价值谈品牌满意是没有意义的。在科特勒看来，满意是个人期望与对产品绩效的感知相较后的心理状态，这种感知的来源即是顾客的感知价值。期望与绩效的匹配程度反映了满意的程度。Woodruff 等（1993）进一步分析指出满意是有层次性的，顾

---

① 韩冰：《互联网环境下顾客感知价值与信任关系研究》（学位论文），大连理工大学（2007年）。

② 杨毅：《互联网渠道顾客感知价值研究》（学位论文），大连理工大学（2007年）。

③ 康庄、石静：《品牌资产、品牌认知与消费者品牌信任关系实证研究》，载《华东经济管理》2011年第3期，第99-103页。

④ 李存超：《电子商务平台服务质量对品牌资产的影响机理研究》（学位论文），山东大学（2014年）。

⑤ Childers T L, Carr C L, Peck J, et al. "Hedonic and Utilitarian Motivations for Online Retail Shopping Behavior", *Journal of Retailing*, 77, no. 4 (2001): 511-535.

客感知价值的层次性造就了特定环境下满意度的差异性。[①] 在这样的背景下，顾客的感知价值越高，表明顾客认为自身能够获得的感知利得比预期的要好，对品牌满意的期待也越高。当顾客所感知到的价值大于他们的期望时，顾客便会形成满意的心理状态。所以，在品牌营销活动中，价值交付的过程就是培养顾客的感知价值的过程，这对提高产品或服务的满意度有着至关重要的作用。

我国学者关辉和董大海（2008）验证了品牌表现对顾客满意的直接作用，品牌表现是顾客对品牌的感知，因此可以认为顾客的感知价值能够积极影响品牌满意。[②] 秦辉等（2011）通过对运动鞋品牌形象的定量研究发现，产品功能对品牌满意有着直接影响，并且能够通过品牌满意间接影响品牌忠诚。该模型还解释了感知价值的功能性价值对品牌满意的正向作用。[③] 顾睿等（2013）通过对社交网站的实证研究指出，用户感知的实用价值以及享乐价值对其满意度产生直接影响。[④]

20世纪90年代，学者们提出了瑞典顾客满意度指数（Sweden Customer Satisfaction Barometer，SCSB）、美国顾客满意度指数（American Customer Satisfactron Index，ACSI）等模型，使用较多的是美国顾客满意度指数模型。美国顾客满意度指数模型是由Fornell等（Fornell，1992[⑤]；Fornell，1996[⑥]）提出的。该模型认为影响满意度

[①] Woodruff R B, Cadotte E R, Jenkins R L. "Modeling Customer Satisfaction Processes Using Experience Based Norms", *Journal of Marketing Research*, 20, no.3 (1993): 296 – 304.

[②] 关辉、董大海：《中国本土品牌形象对感知质量－顾客满意－品牌忠诚影响机制的实证研究——基于消费者视角》，载《管理学报》2008年第4期，第583－590页。

[③] 秦辉、邱宏亮、吴礼助：《运动鞋品牌形象对感知－满意－忠诚关系的影响研究》，载《管理评论》2011年第8期，第93－102页。

[④] 顾睿、胡立斌、王刊良：《社交网站价值感知和社会影响对用户忠诚影响的实证研究》，载《信息资源管理学报》2013年第1期，第10－21页。

[⑤] Fornell C. "A National Customer Satisfaction Barometer: The Swedish Experience", *Journal of Marketing*, 56, no.1 (1992): 6 – 21.

[⑥] Fornell C. "The American Customer Satisfaction Index: Nature, Purpose, and Findings", *Journal of Marketing*, 60, no.10 (1996): 7 – 18.

的三个主要因子为顾客期望、感知价值和感知质量,并最终通过品牌满意影响顾客忠诚。该模型被广泛应用于七大类经济部门中,对公共政策的管理者和企业运营者有很好的指导意义。顾客忠诚是顾客满意的最终因变量,其目的是讨论如何让顾客产生重复性购买。该模型具有跨行业的特性,被更加广泛应用于社会经济等多个领域。国外研究中出现了越来越多的关于品牌满意与企业管理、行业发展和国家宏观经济发展关系的研究。其中,满意度更受感知质量的影响,这也是该模型与瑞典顾客满意度模型的差异之处。感知质量的测量分为总体、定制和可靠性三个方面,这样能够更容易地将质量进行差异化,找到最终影响顾客满意度的路径,帮助政策管理者作出决策。诸多实证研究的证据都表明,感知价值对品牌满意有着决定性影响。在该理论的扩展上,将美国顾客满意度指数模型扩展至企业和社会经济发展的关系研究上,学者们发现市场关于产品感知质量的预期对企业的总体满意度有着积极的影响,但是品牌满意并不意味着能立即产生经济回报,因为品牌满意只能影响顾客未来的购买行为和意愿,而经济回报具有长期性,甚至在市场份额增加的情况下,还会有满意度降低的情况。品牌满意对企业而言是一个长期动态回报的过程。

近年来,关于品牌满意的研究均以期望确认理论和美国顾客满意度指数模型这两类经典模型为基础。一方面,讨论了不同营销环境下的模型适应性问题。例如,Otterbring 和 Lu(2018)分析了中国消费者在销售人员是否在场的不同场景下对不同产品或服务质量的满意度差异。研究显示,在同样的测量模型下,中西方消费者存在显著性的差异。[①] 另一方面,将品牌满意拓展至企业和社会等应用领域。例如,Otto 等(2020)将品牌满意运用于企业绩效表现的分析,可作

[①] Otterbring T, Lu C R. "Clothes, Condoms, and Customer Satisfaction: the Effect of Employee Mere Presence on Customer Satisfaction Depends on the Shopping Situation", *Psychology & Marketing*, 35, no.6 (2018): 454–462.

为增强企业绩效的重要工具;① 同时,品牌满意也被证明和企业利润、股票收益有着直接的关系②。

通过回溯文献我们可以看到,学者们一直在不同的环境中反复探索影响品牌满意的因素。顾客期望、感知价值、感知质量、绩效表现,甚至公平、偏好、道德规范等都在不同场景下被视作影响品牌满意的因素,但是感知价值作为品牌满意的核心解释变量,在品牌满意的模型框架中显得尤为重要。

3. 媒体感知价值对品牌关系的作用假设

综上所述,本研究提出社交媒体的媒体感知价值对品牌关系(品牌信任和品牌满意)的作用假设,即:

H1:社交媒体的工具价值对品牌关系有显著的正向影响。
H2:社交媒体的个人交往价值对品牌关系有显著的正向影响。
H3:社交媒体的娱乐价值对品牌关系有显著的正向影响。
H4:社交媒体的情感价值对品牌关系有显著的正向影响。

结合第五章对媒体感知价值内部结果关系的分析,我们继续提出感知价值的工具价值维度和个人交往价值维度通过情感价值和娱乐价值对品牌关系产生影响的假设,即:

H5:社交媒体的工具价值对情感价值有显著影响。
H6:社交媒体的工具价值对娱乐价值有显著影响。
H7:社交媒体的个人交往价值对情感价值有显著影响。
H8:社交媒体的个人交往价值对娱乐价值有显著影响。

根据假设 H1 ~ H8,我们可以同时假设娱乐价值和情感价值在品牌关系模型中可能存在中介作用。因此,提出以下假设。

H9:社交媒体的娱乐价值在工具价值和品牌关系之间起到了中

---

① Otto A S, Szymanski D M, Varadarajan R. "Customer Satisfaction and Firm Performance: Insights from Over a Quarter Century of Empirical Research", *Journal of the Academy of Marketing Science*, 48, no. 3 (2020): 543 – 564.

② Sorescu A, Sorescu S M. "Customer Satisfaction and Long-Term Stock Returns", *Journal of Marketing*, 80, no. 5 (2015): 110 – 115.

介作用。

H10：社交媒体的娱乐价值在个人交往价值和品牌关系之间起到了中介作用。

H11：社交媒体的情感价值在工具价值和品牌关系之间起到了中介作用。

H12：社交媒体的情感价值在个人交往价值和品牌关系之间起到了中介作用。

二、研究方法

研究方法采用问卷调查的方式。我们结合第四章和第五章的研究结果，继续讨论媒体感知价值对品牌关系的影响。问卷设计包括对品牌关系和媒体感知价值的测项（见表 6-1）。问卷主体部分测项包括媒体感知价值的 12 个测项，同时借鉴了以往成熟量表中关于品牌关系的 4 个测项；同时，问卷还包含受访者人口统计学方面的信息。

（一）量表设计

研究方法采用了问卷调查的方式，问卷的主体部分采纳了李克特（Likert）的 7 点式量表，"1"表示"非常不同意"，"7"表示"非常同意"。本研究根据第四章的媒体感知价值量表及第五章的文献梳理，制作了媒体感知价值对社交媒体品牌关系的作用机制量表（见表 6-1）。

表6-1 媒体感知价值对社交媒体品牌关系的作用机制量表

序号	维度	编号	题项	参考资料
1	工具价值	INS1	该社交媒体能帮助我获取我所感兴趣的事物的信息	本研究第四章和第五章的结论
2		INS2	该社交媒体能帮助我获取即时快捷的资讯信息（热点新闻、本地信息、生活服务资讯、健康信息等）	
3		INS3	该社交媒体能帮助我创造新资讯（自媒体、UGC发布等）	
4	个人交往价值	INT1	该社交媒体让我和同事之间的联系增加了	
5		INT2	该社交媒体让我和家人之间的联系增加了	
6		INT3	该社交媒体让我和朋友之间的联系增加了	
7	娱乐价值	ENT1	该社交媒体能分享或提供有趣的音乐及视频	
8		ENT2	该社交媒体能分享或提供有趣的休闲娱乐话题	
9		ENT3	该社交媒体能让我在无聊的时候打发时间	
10	情感价值	EMO1	使用该社交媒体能让我得到他人的认可	
11		EMO2	使用该社交媒体能让我或我的观点得到重视和肯定	
12		EMO4	该社交媒体让我看起来很酷	

续表 6-1

序号	维度	编号	题项	参考资料
13	品牌关系	REL1	我信任该社交媒体	Olive，1989①；Fornell，1992，1996；Chaudhuri，Holbrook，2001②
14		REL2	该社交媒体从来不会让我失望	
15		REL3	我对该社交媒体很满意	
16		REL4	该社交媒体是一个很好的平台	

资料来源：本研究整理。

（二）样本选择

样本主要来自大学生群体和其他使用社交媒体的用户群体，其中，99%和89%的受访者分别会使用微信和QQ，并且有一半以上的受访者是使用网络填写问卷的。问卷统计了两个人口统计学特征指标——性别和年龄，女性、男性受访者分别占比46.94%和53.06%，40岁以下受访者占比80%以上。根据艾瑞咨询发布的《2019年中国互联网社交企业营销策略白皮书》中关于社交媒体用户的调查结果，女性占47%、男性占53%，40岁以下人群比例占92%，充分说明本次调研的人群特征基本契合我国社交媒体用户的性别和年龄结构。

（三）数据收集

本研究调研数据的收集分为以下两个阶段。

---

① Oliver R L, Swan J E. "Consumer Perceptions of Interpersonal Equity and Satisfaction in Transactions: A Field Survey Approach", *Journal of Marketing*, 53, no.2 (1989): 21-35.

② Chaudhuri A, Holbrook M B. "The Chain of Effects from Brand Trust and Brand Affect to Brand Performance: the Role of Brand Loyalty", *Journal of Marketing*, 65, no.2 (2001): 81-93.

1. 预调研阶段

首先是预调研阶段。本次预调研在问卷星上共计发出问卷78份，对原始问卷进行筛选，排除漏选等不完整问卷4份，有效回收问卷共计74份。然后对问卷数据使用SPSS 20.0以及Mplus 7.4进行信度和效度检验，达到预期效果，可以进行正式问卷调研。

2. 正式数据收集阶段

本研究通过预调研数据收集渠道进行，采用问卷星将调查问卷链接发送到各个渠道，整个数据回收过程历时3周左右，同时获得了每份样本的IP地址，以保证问卷样本结果的真实有效。本次调研的全部样本覆盖了我国的大部分省份或城市，其中，问卷样本量最多的省份或城市是广东、江苏和北京，三者占了总样本量的近四成。问卷星收集了有效问卷409份，主体问卷题项数为16项，有效样本总量远远大于题项数的10倍，达到预期效果（Nunnally，1978；Hair，1988）。

三、实证分析

（一）描述性统计

通过描述性统计分析中的均值、百分比、极值、方差、标准差等指标来反映数据的整体结构。数据的描述性统计分为两个部分：首先是样本的人口统计学信息的描述性统计，包括性别、年龄、受教育程度、收入状况等基本信息；然后是各个变量的描述性统计，包括变量的极值、均值、标准差等数据信息。

1. 样本的描述性统计

通过对样本特征的描述性统计可以看出（见表6-2），年龄段在20～40岁的受访者将近占到总人数的80%，成为社交媒体的主要使用人群；月收入方面，收入在4000元以上的人群超过了总人数的55%；学历方面，拥有本科及以上学历的人群占比达到90%以上；在性别统计上，男性多于女性；在婚姻状况统计上，未婚多于已婚。从年龄分布、收入结构以及学历上看，本次调研的结果与《2019年中国互联网社交企业营销策略白皮书》中所描述的结果基本一致。

表6-2 样本描述性统计

特征	分类	样本数（份）	百分比（%）	有效百分比（%）	累积百分比（%）
性别	男	217	53.06	53.06	53.06
	女	192	46.94	46.94	100.00
	合计	409	100.00	100.00	—
年龄	20岁及以下	35	8.56	8.56	8.56
	21～30岁	187	45.72	45.72	54.28
	31～40岁	138	33.74	33.74	88.02
	40岁以上	49	11.98	11.98	100.00
	合计	409	100.00	100.00	—
婚姻状况	已婚	152	37.16	37.16	37.16
	未婚	257	62.84	62.84	100.00
	合计	409	100.00	100.00	—

续表 6-2

特征	分类	样本数（份）	百分比（%）	有效百分比（%）	累积百分比（%）
学历	高中及以下	12	2.93	2.93	2.93
	大专	27	6.60	6.60	9.54
	本科	331	80.93	80.93	90.46
	硕士	36	8.80	8.80	99.27
	博士	3	0.73	0.73	100.00
	合计	409	100.00	100.00	—
职业	学生	115	28.12	28.12	28.12
	公务员及事业单位人员	45	11.00	11.00	39.12
	企业人员	196	47.92	47.92	87.04
	其他	53	12.96	12.96	100.00
	合计	409	100.00	100.00	—
月收入	2000 元及以下	106	25.92	25.92	25.92
	2001～3000 元	49	11.98	11.98	37.90
	3001～4000 元	24	5.87	5.87	43.77
	4001～5000 元	49	11.98	11.98	55.75
	5000 元以上	181	44.25	44.25	100.00
	合计	409	100.00	100.00	—

资料来源：本研究根据 SPSS 20.0 数据结果整理。

2. 变量的描述性统计

本研究对 16 个观察变量进行了描述性统计分析，获得其最大值、最小值、平均值以及标准差。根据表 6-3 的数据结果可知，上述测量值均在合理范围内，能够进行结构方程模型检验。

表6-3 变量的描述性统计

变量	数量（个）	最小值（M）	最大值（X）	平均值（E）	标准偏差
INS1	409	2	7	5.846	1.049
INS2	409	1	7	5.804	1.085
INS3	409	1	7	5.726	1.084
INT1	409	1	7	5.396	1.478
INT2	409	1	7	5.714	1.228
INT3	409	1	7	5.418	1.341
ENT1	409	1	7	5.858	1.014
ENT2	409	1	7	5.834	1.032
ENT3	409	2	7	5.853	0.994
EMO1	409	1	7	5.176	1.070
EMO2	409	1	7	5.110	1.315
EMO4	409	1	7	4.521	1.464
REL1	409	1	7	5.587	1.150
REL2	409	2	7	5.665	1.061
REL3	409	1	7	5.719	1.136
REL4	409	1	7	5.944	1.007

资料来源：本研究根据SPSS 20.0数据结果整理。

（二）数据信度检验

本研究进行信度检验即用克伦巴赫阿尔法系数指标检测本问卷所采用题项的内部一致性，数值越大，说明相关性越高，表示信度越好。根据SPSS的可靠性分析进行克伦巴赫阿尔法系数的计算。Hair等（1998）认为，总量表的信度系数Cronbach's Alpha值在0.8以上表示很理想，在0.7～0.8之间表示可以接受；分量表的信度系数 Cronbach's Alpha 值一般在 0.7 以上表示理想，在 0.6～0.7 之间表示可以接受；若 Cronbach's 克伦巴赫阿尔法系数值在 0.6 以下，表示需要放弃原问卷，重新编制新问卷。

本研究进行信度检验的结果如表 6-4 所示。首先，总体的 Cronbach's Alpha 值为 0.836，说明将第四章的媒体感知价值量表和第五章文献分析的各题项整合后所得到的量表具有很高的总体信度。其次，5 个维度的 Cronbach's Alpha 值均在 0.6 以上，其中，工具价值的 Cronbach's Alpha 值达到了 0.713。综合以上数据，可以认为问卷通过了信度检验，具有很好的内在一致性信度。

表 6-4 对量表维度进行信度检验

维度	测项数（个）	Cronbach's Alpha	总体 Cronbach's Alpha
工具价值	3	0.713	0.836
个人交往价值	3	0.732	
娱乐价值	3	0.718	
情感价值	3	0.752	
品牌关系	4	0.799	

资料来源：本研究根据 SPSS 20.0 数据结果整理。

(三) 数据效度检验

效度检验是论证该测项是一个研究者想测量的构念的过程。根据现行美国标准《教育和心理测试标准》，一般来说可以从内容效度和结构效度两个方面来进行。

1. 内容效度的检验

本章主要引用第五章已经验证过的成熟量表进行测量，媒体感知价值的构念能够得到很好的解释和验证；品牌关系的构念同样引用成熟量表进行测量，所以，基本构念也能够得到很好的解释。

2. 结构效度的检验——验证性因子分析

本研究采用了 PLS-SEM 的方法进行分析，利用 SmartPLS 3.0 进行数据处理，检验了测量模型的信度、收敛效度和区别效度。在实际操作中可以通过因子的平均提取方差值（AVE）来判别其收敛效度和区别效度，并以此来代表量表的结构效度（Fomell & Lareker, 1981）。平均提取方差值反映了每个潜变量所解释的变异量中有多少来自该潜变量所有测项，当平均提取方差值的绝对值大于 0.50 时，表示该潜变量具有较好的收敛效度。当平均提取方差值符合上述条件且同时满足其平方根大于相关系数时，则可认为问卷效度通过了一致性检验；反之，则不通过。

根据数据处理结果可知，各个潜变量的因子载荷大于 0.6；各个潜变量的组合信度（CR）均大于 0.7，同时 Cronbach's Alpha 值也大于阈值 0.7，说明量表具有很好的信度；平均提取方差值（AVE）大于阈值 0.5，说明该量表具有较好的收敛效度；潜变量的平均提取方差值的平方根均大于该维度与其他维度之间的相关系数（见表 6-5），说明量表具有良好的区别效度。最后，各个测项不存在共线性的问题，说明实验数据的结果良好。

表 6-5 验证性因子分析报告

收敛效度	克伦巴赫阿尔法系数	可靠性系数	组合信度	平均提取方差值（AVE）
EMO	0.761	0.764	0.862	0.677
ENT	0.719	0.741	0.840	0.638
INS	0.713	0.712	0.839	0.636
INT	0.734	0.743	0.850	0.654
REL	0.798	0.801	0.869	0.623

续表 6-5

收敛效度	EMO	ENT	INS	INT	REL
EMO	0.823	—	—	—	—
ENT	0.166	0.798	—	—	—
INS	0.175	0.487	0.797	—	—
INT	0.274	0.182	0.321	0.809	—
REL	0.384	0.345	0.435	0.411	0.789

测项	方差膨胀系数
EMO1	1.519
EMO2	1.727
EMO4	1.471
ENT1	1.416
ENT2	1.380
ENT3	1.433
INS1	1.438
INS2	1.590
INS3	1.298
INT1	1.619
INT2	1.570
INT3	1.310
REL1	1.784
REL2	1.451
REL3	1.762
REL4	1.531

(四) 模型验证

继续对结构模型进行分析，讨论媒体感知价值对品牌关系的影响，将问卷数据集导入结构方程模型中进行运算，获得变量间的路径系数及标准化系数。首先，如表 6-6 所示，模型中 3 个内生变量——情感价值、娱乐价值和品牌关系的解释方差分别为 0.083、0.237 和 0.350，其中娱乐价值和品牌关系的解释方差大于 0.10，解释力较高，因此，模型解释力令人满意。其次，本研究中情感价值、娱乐价值和品牌关系的 Q^2 值分别为 0.052、0.140 和 0.209，均大于阈值 0.02，表明结构模型的数据质量良好。

表 6-6 结构模型的检验结果

测项	判定系数 R^2	调整后的 R^2	总离差平方和	和方差	决定系数 Q^2
EMO	0.083	0.079	1227	1163.134	0.052
ENT	0.237	0.234	1227	1055.122	0.140
INS	—	—	1227	1227.000	—
INT	—	—	1227	1227.000	—
REL	0.350	0.343	1636	1294.16	0.209
假设及路径	路径系数	样本均值	标准差	T 统计量	P 值
H1：INS→REL	0.338	0.34	0.054	6.248	0.000
H2：INT→REL	0.302	0.307	0.067	4.490	0.000
H3：ENT→REL	0.140	0.144	0.061	2.290	0.022
H4：EMO→REL	0.253	0.251	0.054	4.661	0.000
H5：INS→EMO	0.097	0.103	0.056	1.725	0.085
H6：INS→ENT	0.477	0.478	0.055	8.746	0.000
H7：INT→EMO	0.242	0.245	0.054	4.511	0.000
H8：INT→ENT	0.029	0.032	0.048	0.609	0.543

我们使用 SmartPLS 3.0 进行了 Bootstrap（$n=1000$）分析。根据表 6-6 的结果可知，结构模型里 8 个假设中有 6 个得到了验证，模型整体的验证效果较好，如图 6-1 所示。验证效果证实了工具价值、个人交往价值、娱乐价值和情感价值对社交媒体品牌关系的影响显著，即媒体感知价值越高，受众对社交媒体的品牌关系的影响就越大。因此，假设 H1、H2、H3 和 H4 成立。

在媒体感知价值内部，工具价值对娱乐价值的影响显著，对情感价值的影响不显著。然而，个人交往价值对情感价值的影响显著，对娱乐价值的影响不显著。因此，假设 H6 和 H7 成立，假设 H5 和 H8 不成立。

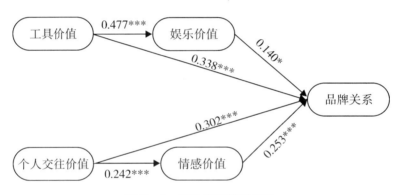

图 6-1　结构方程模型结果

资料来源：本研究根据 SmartPLS 3.0 数据结果整理。

注："*""**""***"分别表示 P 值在 0.1、0.05、0.01 水平上显著。

（五）中介效应检验

根据前面的结果继续对假设 H9～H12 进行检验，采用偏差校正的百分位 Bootstrap 法来检验中介效应，Bootstrap 样本量设置为 1000，用估计值序列第 2.5 百分位和第 97.5 百分位估计 95% 的中介效应置信区间。根据中介效应检验结果（见表 6-7），工具价值（路径系数

=0.067，标准差=0.032，$P<0.05$）通过娱乐价值对品牌关系产生影响；个人交往价值（路径系数=0.061，标准差=0.018，$P<0.01$）通过情感价值对品牌关系产生影响，因此，假设 H9 和 H12 成立。然而，假设 H10（$P=0.588>0.05$）和 H11（$P=0.143>0.05$）不成立。

表6-7 中介效应检验（样本数为409，Bootstrap 样本量为1000）

假设	路径	路径系数	样本均值	标准差	T统计量	P值	置信区间 2.5%下限	置信区间 97.5%上限
H9	INS→ENT→REL	0.067	0.069	0.032	2.106	0.035	0.011	0.135
H10	INT→ENT→REL	0.004	0.004	0.007	0.542	0.588	-0.010	0.021
H11	INS→EMO→REL	0.025	0.027	0.017	1.465	0.143	-0.001	0.066
H12	INT→EMO→REL	0.061	0.061	0.018	3.368	0.001	0.030	0.101

本章小结

本章主要讨论了媒体感知价值对品牌关系的影响，包括以下两部分内容。

一是在模型原理介绍的基础上对调研数据进行了描述性分析以及信度、效度检验。分析可知，全部数据具有良好的信度、效度。

二是将问卷数据导入结构方程模型中，对模型相关假设进行验

证,并分析了各个检验假设的通过情况及各路径之间的关系。研究结果(见图6-1)表明:

1)媒体感知价值与品牌关系之间存在正向显著关系。具体来说,媒体感知价值的四个维度——工具价值、个人交往价值、娱乐价值和情感价值分别对品牌关系产生正向作用。

2)在媒体感知价值内部,与品牌资产模型中的媒体感知价值内部体系不同,工具价值对情感价值没有显著影响,对娱乐价值具有正向作用;同时,个人交往价值对情感价值存在正向作用,对娱乐价值的影响不显著。

3)社交媒体的娱乐价值在工具价值和品牌关系之间起到了中介作用;同时,社交媒体的情感价值在个人交往价值和品牌关系之间起到了中介作用。

4)全部12个假设中有8个假设成立(见表6-8)。

表6-8 全部假设结果

序号	编号	假设	是否成立
1	H1	社交媒体的工具价值对品牌关系有显著的正向影响	成立
2	H2	社交媒体的个人交往价值对品牌关系有显著的正向影响	成立
3	H3	社交媒体的娱乐价值对品牌关系有显著的正向影响	成立
4	H4	社交媒体的情感价值对品牌关系有显著的正向影响	成立
5	H5	社交媒体的工具价值对情感价值有显著影响	不成立
6	H6	社交媒体的工具价值对娱乐价值有显著影响	成立
7	H7	社交媒体的个人交往价值对情感价值有显著影响	成立
8	H8	社交媒体的个人交往价值对娱乐价值有显著影响	不成立
9	H9	社交媒体的娱乐价值在工具价值和品牌关系之间起到了中介作用	成立

续表6-8

序号	编号	假设	是否成立
10	H10	社交媒体的娱乐价值在个人交往价值和品牌关系之间起到了中介作用	不成立
11	H11	社交媒体的情感价值在工具价值和品牌关系之间起到了中介作用	不成立
12	H12	社交媒体的情感价值在个人交往价值和品牌关系之间起到了中介作用	成立

资料来源：本研究整理。

本次调研主要讨论了社交媒体感知价值对品牌关系的驱动作用，研究发现媒体感知价值对品牌关系是有驱动作用的。通过以上结论可以看到，社交媒体感知价值会影响受众对媒体的品牌满意，与Fornell等（1996）所提出的美国顾客满意度指数模型的不同之处在于，感知价值不再是一个单维度的概念，而是多维的，感知价值对品牌满意的影响也更加复杂。具体来说，我国国内社交媒体的功能越来越强大，包括即时沟通、信息发布、信息搜索、在线支付、网络购物等各种功能，这也让受众在不同的应用场景下对社交媒体有不同的评价——虽然受众对社交媒体越来越依赖，但是对其品牌满意度却没有同步上升。

从研究结论看，工具价值、个人交往价值这两个反映社交媒体基本功能的价值维度确实能够提高受众对社交媒体的品牌满意，社交媒体通过算法为受众提供更多精准、有趣的信息，即时通信功能扩大了受众的交往半径，这些都是能够正向影响品牌满意度的。

研究结论也显示，娱乐价值对品牌关系的影响虽然显著，但是回归系数只有0.14（<0.2），说明这个影响缺乏一定的支持，反映了当前社交媒体娱乐功能对受众缺乏有效的用户黏性，过度的娱乐内容或者植入性娱乐话题反而会影响受众对社交媒体的评价。社交媒体现在进行了越来越多的应用功能拓展，这些功能的使用效果也影响了受

众对社交媒体品牌的评价。因此，对社交媒体平台管理而言，需要增强对这些拓展功能的内容管理。例如，社交媒体平台增加了支付功能，建立了各类支付场景，包括信用卡还款、金融理财、保险服务、购物等，虽然这些场景的应用拓展了社交媒体的使用，增加了用户黏性，但是其提供服务内容所需要承担的责任是属于第三方公司的，对平台而言，如果受众对第三方公司提供的内容不满，则也会间接转化为对社交媒体平台的不满。这是社交媒体在未来发展中需要关注的问题。

　　本次调研提出的品牌关系驱动模型是建立在以社交媒体为对象的基础上的，对其他的媒体形态的影响需要进一步讨论，以增加量表的普适性。在本研究之前，学者们对媒体感知价值的来源——需求和动机进行了大量的研究，发现媒介使用动机是能够被重复实验验证的，可以进一步在其他的媒体环境下对本研究中涉及的量表进行重复性验证。这对我们的研究有很大的理论意义，媒体感知价值即可在受众行为的研究中被视为一个相对稳定的前置变量。另外，在未来的研究中，还可以通过"需求－价值－行为"链对其他媒体品牌变量进行测量，讨论媒体感知价值和媒体品牌其他变量之间的关系。

　　同时，本次调研也存在局限性。首先，没有对样本的年龄、职业、学历、月收入进行细化，今后的研究中应加入更多的样本个人特征，以丰富研究的异质性；其次，本次调研没有考虑潜在控制变量对研究结果的影响，年龄、性别、地域等因素均有可能影响媒体感知价值对品牌满意的驱动作用；最后，本次调研也没有涉及受众的感知利失，例如，受众在使用社交媒体时损失的时间、精力等非货币成本。

第七章　感知娱乐性的实践应用

本章以移动漫画阅读的读者为研究对象，讨论了满意度和感知娱乐性对读者持续阅读意愿的影响，构建了移动漫画持续阅读意愿模型。研究发现：①影响读者持续阅读意愿的两个关键因素是读者的满意度和感知娱乐性；②影响读者满意度的因素具体包括内容质量、服务质量和感知娱乐性；③读者的感知娱乐性取决于读者对阅读的预期（期望确认）；④满意度在感知娱乐性和持续阅读意愿之间起到了中介作用；⑤感知娱乐性在期望确认和读者满意度之间起到了中介作用。根据上述结论，我们提出了提高读者持续阅读意愿的相关建议。

一、研究背景

"移动漫画阅读"是近年来商业领域的热门话题。随着二次元用户人数不断增长，移动漫画市场规模也不断扩大。亚马逊旗下全球最大的数字漫画零售商 Comixology 于 2010 年推出了移动终端漫画阅读程序，允许用户以每部漫画 1.99 美元或更低的价格下载精选漫画，数字化出版商依靠移动端平台向公众销售数字漫画，获取了巨额利润；[1] 在中国市场，2020 年 1 月，网易与漫威合作发布了中文版的移动漫画终端——漫威无限（Marvel Unlimited）。在发展的 10 多年时间里，移动漫画阅读已经成为一个规模达 557.37 亿元（86 亿美元）的

---

[1] Stevens J R, Bell C E. "Do Fans Own Digital Comic Books? Examining the Copyright and Intellectual Property Attitudes of Comic Book Fans", *International Journal of Communication*, 6, no.1 (2012): 751–772.

巨量的市场。① 根据《2021年中国二次元内容行业白皮书》的数据，2018年，中国动漫用户规模达到2.76亿人；2019年，中国二次元用户规模约为3.32亿人；2021年，中国二次元整体用户规模达4.6亿人。预计未来5年年均复合增长率为2.5%，到2026年，核心二次元用户将达1.3亿人，其他泛二次元用户达4亿人，整体达5.3亿人。不同于"X世代""Y世代"，"Z世代"玩着智能手机长大，被称为"移动原生代"。我国"Z世代"（1995—2009年）人口数有2.6亿，占总人口的18.5%。随着越来越多的"Z世代"人群步入社会、经济逐渐独立，移动动漫的商业价值也会随之抬升。

在国家层面上，"十三五"文化发展改革规划纲要中提出支持原创动漫创作生产和宣传推广，持续推动手机动漫等的标准制定和推广。② 而壮大动漫产业需要增加漫画读者的使用黏性，提高长期存留率，培养动漫用户的阅读兴趣。因此，如何提高读者的持续阅读意愿成了具有现实意义的研究话题。

目前，国内对移动漫画的研究主要聚焦于漫画产品分析、数字漫画出版、盈利模式探讨等行业发展的宏观层面（敖蕾，2020；③ 高昊等，2018；④ 沈晓濛，2019；⑤ 唐佳希等，2013；⑥ 周鸿和刘倩蓉，

---

① 界面新闻：《美国293亿日本73亿元，这几个海外漫画市场值得关注》（https://www.jiemian.com/article/5642060.html，2021-02-03/2021-03-27）。

② 新华社：《国家"十三五"时期文化发展改革规划纲要》（http://www.gov.cn/zhengce/2017-05/07/content_5191604.htm，2017-05-07/2021-03-27）。

③ 敖蕾：《动漫类App产品短视频功能比较研究——以"快看漫画"和"腾讯动漫"为例》，载《新媒体研究》2020年第9期，第35-37页。

④ 高昊、陈佳沁：《日本数字漫画出版经营模式探析》，载《编辑之友》2018年第10期，第107-112页。

⑤ 沈晓濛：《互联网背景下快看漫画APP的盈利模式研究》，载《新闻研究导刊》2019年第21期，第199-200页。

⑥ 唐佳希、刘巧华、董彦君：《信息、系统和服务：移动漫画阅读应用的对比及启示——以信息系统成功模型为理论视角》，载《出版发行研究》2013年第8期，第75-78页。

2018①）；在微观层面上，学者们的研究主要集中在对早期漫画网站的使用和付费意愿上（程娟等，2018；② 韩飞飞和葛章志，2020；③ 章萌，2019④），对用户在移动漫画终端细分领域持续阅读意愿的研究相对较少。因此，本研究以移动漫画阅读的读者为研究对象，将如何提升读者对移动漫画的持续阅读意愿作为研究的核心问题。

二、文献综述与研究假设

移动漫画阅读是指读者通过智能手机、平板电脑、电子阅读器等移动终端设备，借助移动网络技术进行漫画下载和阅读的行为。在此之前，漫画阅读经历了印刷漫画阅读和网络漫画阅读两个阶段。随着移动运营商逐渐推出移动上网服务和移动内容，2003 年，以手机终端为载体的电子漫画也开始出现。⑤ 2014 年，国内市场上的各大电信运营商、互联网巨头纷纷进军动漫市场，促使动漫市场规模不断发展壮大，专业的漫画阅读平台纷纷涌现（如中国电信的"爱动漫"、中国移动的"咪咕动漫"、腾讯的"腾讯动漫"等），成为网络漫画传播的重要渠道。

面对百亿（元）级别甚至未来可能发展至千亿（元）级别的市场，如何留住移动漫画阅读的读者是其产业链和监管层都将面临的难

---

① 周鸿、刘倩蓉：《互联网漫画行业的多维传播策略探析——以《快看漫画》APP 为例》，载《今传媒》2018 年第 3 期，第 22 - 24 页。

② 程娟、王玉林、钱晋：《社交媒体环境下用户阅读推广持续意愿研究》，载《出版发行研究》2018 年第 4 期，第 68 - 73 页。

③ 韩飞飞、葛章志：《融媒体环境下用户持续阅读意愿影响因素研究》，载《新世纪图书馆》2020 年第 9 期，第 28 - 33 页。

④ 章萌：《移动有声阅读用户内容付费意愿影响因素研究》，载《出版发行研究》2019 年第 1 期，第 28 - 34 页。

⑤ Hu J M, Zhang Y. "Understanding Chinese Undergraduates' Continuance Intention to Use Mobile Book-Reading Apps: An Integrated Model and Empirical Study (Article)", *Libri*, 66, no. 2 (2016): 85 - 99.

题。而市场在培养读者的阅读意愿,尤其是培养移动阅读意愿方面已经积累了10多年的研究证据和经验。本研究在移动阅读意愿的基础上对年轻群体尤其是"Z世代"群体的移动漫画阅读进行讨论,旨在解决移动漫画阅读领域的持续阅读意愿问题。

阅读意愿是读者对阅读的主观意愿和态度,是激发阅读行为的前提(韩飞飞和葛章志,2020)。目前,学者们在不同的场景下采用满意度理论、信息系统成功理论、整合技术接受模型以及感知价值等,对持续阅读意愿进行解释和分析。研究发现,持续阅读意愿的原因和机理呈现出多视角、多因素的趋势(Hu 和 Zhang,2016;Shin,2011;[1] 韩飞飞和葛章志,2020;李武,2017;[2] 王雨等,2014;[3] 翟嘉靖,2020;[4] 张明鑫,2021[5])。其中,满意度理论和信息系统成功理论是应用较为广泛的解释路径,我们分别从这两个视角对持续阅读意愿展开讨论。

(一) 满意度理论的视角

读者对移动阅读服务的满意度被视作驱动用户持续阅读意愿的重

---

[1] Shin D H. "Understanding E-book Users: Uses and Gratification Expectancy Model", *New Media & Society*, 13, no. 2 (2011): 260 – 278.

[2] 李武:《感知价值对电子书阅读客户端用户满意度和忠诚度的影响研究》,载《中国图书馆学报》2017年第6期,第35 – 49页。

[3] 王雨、李子运、陈莹:《大学生数字化阅读的影响因素研究》,载《中国远程教育》2014年第8期,第57 – 64页。

[4] 翟嘉靖:《用户体验视角下数据新闻满意度与持续阅读意愿关系研究》(学位论文),中国社会科学院研究生院(2020年)。

[5] 张明鑫:《大学生社会化阅读APP持续使用意愿研究——沉浸体验的中介效应》,载《大学图书馆学报》2021年第1期,第100 – 109页。

要动因（Thong 等，2006；① Wixom 等，2005；② 刘鲁川和孙凯，2011；③ 易红等，2015④）。在不同的应用场景中，满意度都发挥了重要的作用，它不仅是重要的原因变量或中介变量，例如，期望确认模型、期望确认扩展模型（Bhattacherjee，2001⑤，2008⑥），而且在各类模型中扮演着结果变量的角色。在读者满意度和移动阅读意愿的关系研究中，梁士金（2020）以满意度的期望确认模型为基础，引入了主观规范等因素，构建了社交媒体用户的阅读意愿模型。他认为，满意度对阅读意愿存在着显著性的影响。⑦ 类似关于满意度和用户阅读意愿之间的相关性的研究在诸多环境下得到了证实。例如，杨根福（2015）在移动阅读服务中证实了满意度、感知有用性、感知娱乐性等因素对用户持续使用有显著影响。⑧ 朱娅茹、查先进和严亚兰（2020）也认为，在移动阅读环境中，满意度以及信任和惯性共同影响了用户持续使用的意愿。⑨ 由此，我们提出了本章的第一个研究

---

① Thong J Y L, Hong S J, Tam K Y. "The Effects of Post-adoption Beliefs on the Expectation-Confirmation Model for Information Technology Continuance", *International Journal of Human-Computer Studies*, 64, no.9（2006）：799-810.

② Wixom B H, Todd P A. "A Theoretical Integration of User Satisfaction and Technology Acceptance", *Information Systems Research*, 16, no.1（2005）：85-102.

③ 刘鲁川、孙凯：《移动数字阅读服务用户采纳后持续使用的理论模型及实证研究》，载《图书情报工作》2011年第10期，第78-82页。

④ 易红、张冰梅、宋微：《市民移动阅读选择偏好性和持续使用性影响因素的实证研究》，载《图书馆理论与实践》2015年第1期，第32-37页。

⑤ Bhattacherjee A. "An Empirical Analysis of the Antecedents of Electronic Commerce Service Continuance", *Decision Support Systems*, 32, no.2（2001）：201-214.

⑥ Bhattacherjee A, Perols J, Sanford C. "Information Technology Continuance：A Theoretic Extension And Empirical Test", *Journal of Computer Information Systems*, 49, no.1（2008）：17-26.

⑦ 梁士金：《社交媒体视角的用户持续碎片化阅读意愿：基于ECM-ISC和主观规范的实证》，载《图书馆学研究》2020年第9期，第80-88页。

⑧ 杨根福：《移动阅读用户满意度与持续使用意愿影响因素研究——以内容聚合类APP为例》，载《现代情报》2015年第3期，第57-63页。

⑨ 朱娅茹、查先进、严亚兰：《用户体验和现状偏差视角下移动阅读APP持续使用意愿影响因素研究》，载《国家图书馆学刊》2020年第6期，第43-55页。

假设。

H1：满意度对读者的持续阅读意愿存在显著性影响。

我们需要厘清读者的满意度在移动阅读场景下受到哪些因素的影响。

首先，从满意度研究起源来看，早期满意度相关研究的理论框架发端于 Cardozo（1964）对顾客期望（expectation）的测量[①]，随后发展出了期望确认理论（Expectation-Confirmation Theory，ECT）。该理论早期被应用于消费领域，认为消费者重复购买产品或服务的意愿主要由之前使用体验的满意度决定，通过购前期望与购后对产品或服务的感知绩效的比较得到期望确认水平，由此影响了消费者的满意度。

随后，期望确认模型被移植于不同的应用场景，用于解释用户持续使用意愿和行为，包括移动阅读、视频网站、移动社交、电子政务等应用场景。李武和赵星（2016）在对持续社会化阅读意愿的讨论中确定了读者的期望确认程度和满意度是其重要的影响因素，同时，读者的期望确认程度对读者满意度有着直接影响。[②] 此外，诸多学者根据不同信息系统的特征，通过加入不同变量（感知易用性、感知娱乐、感知成本、习惯、主观规范、信任感知）拓展和修正了期望确认模型，但是各种研究结论均支持期望确认程度对满意度和阅读意愿存在直接或间接影响（Thong 等，2006；Hung 等，2007；[③] 梁士金，2020；杨小峰和徐博艺，2009）。从以上研究可以看出，期望确认模型在用户持续使用意愿和行为研究中具有广泛的研究基础。本章据此将期望确认模型应用到移动漫画阅读意愿研究中，并提出以下研究假设。

[①] Cardozo R. "Customer Satisfaction: Laboratory Study and Marketing Action", *Journal of Marketing Research*, no. 2 (1964): 244–249.

[②] 李武、赵星：《大学生社会化阅读 APP 持续使用意愿及发生机理研究》，载《中国图书馆学报》2016 年第 1 期，第 52–65 页。

[③] Hung M C, Huang H G, Hsieh T C. "An Exploratory Study on the Continuance of Mobile Commerce: An Extended Expectation-Confirmation Model of Information System Use", *International Journal of Mobile Communications*, 5, no. 4 (2007): 409–422.

H2：读者对移动漫画阅读平台的期望确认程度会显著影响读者的满意度。

其次，漫画阅读被认为具有享乐性，即感知娱乐性。感知娱乐性指用户使用产品或服务的过程中体验到的情感愉悦程度。早期 Holbrook 和 Hirschcman（1982）提出的享乐主义模型对此概念进行了阐释，[①] 之后 Batra 和 Ahtola（1991）在享乐主义模型的基础上开发了相关的测量量表，[②] 但是在此之前感知娱乐性是结合功利主义进行分析的。最早提出将感知娱乐性概念和使用意愿结合起来的是 Davis 等（1992），他们扩大了感知娱乐性的适用范围，将其视为人们接受新技术的内在动机。[③] 在信息系统环境（例如移动阅读、社会化阅读等场景）尤其是享乐型信息系统环境下，用户行为受到感知娱乐性的影响更甚。

移动漫画阅读平台是典型的享乐型信息系统，主要的移动漫画阅读平台中除了有漫画阅读功能以外，还增加了"漫圈""游戏中心""弹幕""集卡""短视频""漫动画"等社交娱乐因素，提高了平台使用的趣味性。当下的移动阅读诱发了感性化、娱乐化、表象化的阅读行为（杜耀宗和孔正毅，2018）。[④] 诸多研究证据都表明感知娱乐性对读者的满意度具有显著的影响。例如，易红等（2015）从用户感知价值角度构建市民移动阅读行为选择偏好性和持续使用性模型，研究证明了感知娱乐性等维度和移动阅读行为的满意度以及持续使用

[①] Holbrook M B, Hirschman E C. "The Experiential Aspects of Consumption：Consumer Fantasies, Feelings, and Fun", *The Journal of Consumer Research*, 9, no.2（1982）：132 – 140.

[②] Batra R, Ahtola O T. "Measuring the Hedonic and Utilitarian Sources of Consumer Attitudes", *Marketing Letters*, 2, no.2（1991）：159 – 170.

[③] Davis F D, Bagozzi R P, Warshaw P R. "Extrinsic and Intrinsic Motivation to Use Computer in the Workplace", *Journal of Applied Social Psychology*, 22, no.14（1992）：1109 – 1130.

[④] 杜耀宗、孔正毅：《社交阅读：转向、特征与路径》，载《编辑之友》2018 年第 8 期，第 12 – 15 页。

意向呈现显著正相关。其他学者亦有相似的研究结论（苏帆帆，2011；[1] 李武，2017；杨根福，2015）。据此，本章提出以下研究假设。

H3：感知娱乐性对满意度产生显著影响。

再次，在满意度模型的研究中，Thong 等（2006）以扩展的 ECM 为基础，结合了相关的变量，证实了期望确认对感知娱乐性有正向影响。国内研究中，盛玲玲（2008）在研究移动商务用户持续使用意愿时也证明了期望确认对用户感知娱乐性有显著正向影响。所以，本文继续提出以下假设。

H4：期望确认对感知娱乐性存在显著影响。

最后，感知娱乐性被认为不仅能对满意度产生影响，更是成为用户使用新技术意愿的直接影响因素。例如，Moon 和 Kim（2001）基于技术接受模型证明了感知娱乐性对互联网使用态度具有积极影响，从而对用户行为意图产生影响。[2] 同样，Roca 和 Gagné（2008）也认为感知娱乐性是用户的内在决定因素并对持续使用意愿具有显著影响，[3] 即感知娱乐性可能成为持续阅读意愿的影响因素之一。因此，在移动漫画阅读领域，可以引入感知娱乐性作为影响持续阅读意愿的重要因素之一（Lin 等，2005；[4] 郑莉，2018[5]）。据此，我们提出以下研究假设。

H5：感知娱乐性对读者的持续阅读意愿存在显著影响。

---

[1] 苏帆帆：《移动阅读业务持续使用行为影响因素研究》（学位论文），北京邮电大学（2011 年）。

[2] Moon J-W, Kim Y-G. "Extending the TAM for a World-Wide-Web context", *Information & Management*, 38, no.4（2001）：217 – 230.

[3] Roca J C, Gagné M. "Understanding E-learning Continuance Intention in the Workplace: A Self-determination Theory Perspective", *Computers in Human Behavior*, 24, no.4（2008）：1585 – 1604.

[4] Lin C-S, Wu S, Tsai R-J. "Integrating Perceived Playfulness Into Expectation-Confirmation Model for Web Portal Context", *Information & Management*, 42, no.5（2005）：683 – 693.

[5] 郑莉：《社群视角下移动阅读 APP 用户持续使用行为研究》（学位论文），燕山大学（2018 年）。

（二）信息系统成功理论的视角

信息系统成功理论被广泛应用于解释用户的持续使用意愿和行为，该模型的理论框架中，满意度起到了重要的中介作用。Delone 和 Mclean（1992[①]，2003[②]）认为信息质量、系统质量和服务质量等要素是用户满意度的重要来源；同样地，Wixom 等将信息系统成功模型和技术接受模型（Technology Acceptance Model，TAM）结合，对信息系统成功模型进行了拓展，认为系统质量、信息质量分别影响系统满意度和信息满意度。[③] Lin 和 Lee 在分析虚拟社区的成功因素时，进一步证明了系统质量、信息质量和服务质量通过用户满意度对用户的忠诚度有显著影响。[④] Lee 和 Chung 也有类似的结论。[⑤]

一般来说，移动社交、移动阅读、移动图书馆、数字资源库系统、移动学习等场景被视作一个独立的信息系统，诸多研究也会将信息系统成功模型的信息质量、系统质量、服务质量等因素引入期望确认模型中，同时结合其他理论变量，以提高模型的解释度和适用性。由此可见，国内外大多数研究都证实了内容质量、系统质量和信息质量对满意度存在显著的影响，并以此进一步影响用户的使用意愿

[①] Delone W H, Mclean E R. "Information Systems Success: The Quest for the Dependent Variable", *Information Systems Research*, 3, no.1 (1992): 60-95.

[②] Delone W H, Mclean E R. "The DeLone and McLean Model of Information Systems Success: A Ten-Year Update," *Journal of Management Information Systems*, 19, no.4 (2003): 9-30.

[③] Wixom B, et al. "A theoretical Integration of User Satisfaction and Technology Acceptance", *Information Systems Research*, 16, no.1 (2005): 85-102.

[④] Lin H, Lee G. "Determinants of Success for Online Communities: an Empirical Study", *Behaviour and Information Technology*, 25, no.6 (2006): 479-488.

[⑤] Lee K-C, Chung N. "Understanding Factors Affecting Trust in and Satisfaction With Mobile Banking in Korea: A Modified DeLone and McLean's Model Perspective", *Interacting with Computers*, 21, no.5/6 (2009): 385-392.

(Lin 和 Lee，2006；安田，2019；① 胡莹，2013；② 李倩和侯碧梅，2013；③ 杨根福，2015）。因此，在移动漫画阅读领域，我们也有理由认为内容质量、系统质量和服务质量可能构成了影响读者满意度的重要因素。

由此，本章提出以下假设。

H6：内容质量对读者满意度存在显著影响。

H7：系统质量对读者满意度存在显著影响。

H8：服务质量对读者满意度存在显著影响。

结合本研究已提出的假设 H1～H8，以及李武（2017）、杨根福等（2015）的与感知娱乐性和满意度相关的研究，继续提出以下可能的假设。

H9：感知娱乐性在期望确认和满意度之间发挥了中介作用。

H10：满意度在感知娱乐性和持续阅读意愿之间发挥了中介作用。

综上所述，本章在整合期望确认模型、信息系统成功模型的基础上，构建了移动漫画持续阅读意愿模型（如图7-1所示），提出了期望确认、感知娱乐性、内容质量、系统质量、服务质量和移动漫画阅读用户的满意度、持续阅读意愿之间的关系假设，该模型旨在探究移动漫画读者持续阅读意愿的影响因素。

---

① 安田：《聚合类新闻 APP 用户黏性的影响因素研究》（学位论文），河北大学（2019 年）。

② 胡莹：《移动微博持续使用行为影响因素研究》（学位论文），北京邮电大学（2013 年）。

③ 李倩、侯碧梅：《基于 DM 和 ECM-IT 的移动社交网络用户持续使用意图研究》，载《信息系统学报》2013 年第 1 期，第 50-59 页。

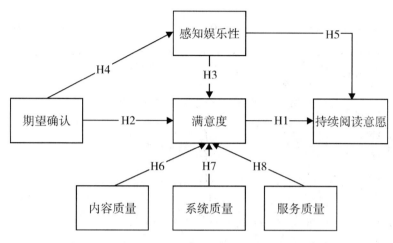

图 7-1 移动漫画持续阅读意愿模型

三、研究方法

研究方法采用问卷调查的方式。问卷设计包括题项设置与表 6-1 相同。

（一）量表设计

本章相关研究涉及期望确认、感知娱乐性、内容质量、系统质量、服务质量、满意度、持续阅读意愿，共 7 个变量。每个变量采用李克特（Likert）7 点式量表来进行测量，"1"表示"非常不同意"，"7"表示"非常同意"，每个题项确保受访者能够作出有效的判断。本研究借鉴其他研究环境下的量表，并根据移动漫画阅读的性能特点对题项内容进行了修改和润色，具体如表 7-1 所示。

表 7-1　变量与题项

变量	编号	题项内容	参考文献
期望确认	EC1	移动漫画阅读平台提供的内容资源比我预期的多	Bhattacherjee，2001；谭淑媛，2016①
	EC2	我在移动漫画阅读平台方面的整体使用体验比我预期的好	
	EC3	移动漫画阅读平台提供的服务比我预期的好	
	EC4	总体来说，我对移动漫画阅读平台的大部分预期得到了证实	
感知娱乐性	PE1	使用移动漫画阅读平台给我带来了乐趣	Lin et al.，2005；Davis，1992；Thong et al.，2006；郑莉，2018
	PE2	我觉得在使用移动漫画阅读平台时，时间过得很快	
	PE3	我认为使用移动漫画阅读平台是一个享受的过程	
	PE4	我认为使用移动漫画阅读平台是不错的打发时间的方式	
	PE5	我很喜欢使用移动漫画阅读平台	
内容质量	CQ1	我认为移动漫画阅读平台内容资源完整、丰富	Delone 和 Mclean，1992，2003；Zhao et al.，2015；② 胡莹，2013
	CQ2	我认为移动漫画阅读平台的漫画更新及时	
	CQ3	我认为移动漫画阅读平台的图片、文字、视频可以完好、清晰地显示在移动终端上	
	CQ4	我认为移动漫画阅读平台提供的内容是有趣的	

---

① 谭淑媛：《个性化新闻推荐 APP 用户持续使用行为研究》（学位论文），云南财经大学（2016 年）。

② Zhao Y，Deng S，Zhou R. "Understanding Mobile Library Apps Continuance Usage in China：A Theoretical Framework and Empirical Study"，*LIBRI*，65，no. 3（2015）：161-173.

续表 7-1

变量	编号	题项内容	参考文献
系统质量	SQ1	我认为移动漫画阅读平台响应速度快	Delone 和 Mclean，1992，2003；Wixom et al.，2005；胡莹，2013
	SQ2	我认为移动漫画阅读平台的界面设计（导航、各功能按钮等设计）美观、合理	
	SQ3	我认为移动漫画阅读平台操作便捷	
	SQ4	我认为移动漫画阅读平台的系统稳定性很好	
服务质量	SER1	移动漫画阅读平台一直在升级服务和功能以满足我的个性化需求	Delone 和 Mclean，1992，2003；Zhao et al.，2015；胡莹，2013
	SER2	我认为移动漫画阅读平台能精准推荐我感兴趣的内容	
	SER3	我认为移动漫画阅读平台能提供多种功能（弹幕、评论、分享、社区、视频等）帮助我与他人互动	
	SER4	我认为移动漫画阅读平台提供的服务可保障每个用户的信息安全	
满意度	SAT1	使用移动漫画阅读平台让我感到非常愉悦	Bhattacherjee，2001；安田，2019
	SAT2	我对移动漫画阅读平台的内容资源很满意	
	SAT3	我对移动漫画阅读平台的界面设计很满意	
	SAT4	我对移动漫画阅读平台的社交互动很满意	
	SAT5	总的来说，我对移动漫画阅读平台的使用很满意	

续表 7-1

变量	编号	题项内容	参考文献
持续阅读意愿	UI1	我打算将来继续使用移动漫画阅读平台	Bhattacherjee, 2001; Moon 和 Kim, 2001; Kim, 2010
	UI2	我会推荐他人使用移动漫画阅读平台	
	UI3	我会增加对移动漫画阅读平台的使用	
	UI4	总体而言，我将像现在一样定期使用移动漫画阅读平台	

（二）样本选择

比达网 2020 年 8 月发布的《2020 上半年度中国动漫 APP 产品市场研究报告》显示，截至 2020 年 6 月，2020 年上半年动漫用户的性别分布中，男性和女性的占比分别为 47.5% 和 52.5%；年龄分布上，25 岁以下的用户占比为 43.2%，25～30 岁的用户占比为 24.7%，31～35 岁的用户占比为 20.0%，36～40 岁的用户占比为 8.5%，40 岁以上的用户占比为 3.6%。由此可以看出，95 后、00 后是中国二次元用户主力军，他们逐渐步入社会，把二次元文化带向主流，消费潜力巨大，是动漫行业争先抢夺的市场。

本次调研样本的选择，需要符合广泛性、随机性、代表性的原则。移动漫画阅读 APP 拥有较大的二次元用户群体，且用户规模在持续增长中。因此，本研究选取具有代表性且有一定用户基础的移动漫画阅读 APP，如快看漫画、腾讯动漫、哔哩哔哩漫画、微博动漫、有妖气漫画、漫画岛、看漫画、布卡漫画、动漫之家、波洞动漫，作为研究对象。通过收集该类 APP 的用户数据，研究归纳出影响用户持续使用移动漫画阅读 APP 的意愿的因素，构建结构方程模型。

（三）预调研

为了保证量表的信度和效度，我们在正式调研之前进行了预调研。通过邀请网友、在校大学生填问答卷，收集有效问卷共 120 份。总体的标准化 Cronbach's Alpha 为 0.965，大于 0.95；KMO 检验显示值为 0.934；巴特利列球形度检验显著；总方差解释为 63.707%。

（四）数据收集与处理

本次调研的对象为使用过或正在使用移动漫画阅读平台的用户，群体偏向年轻化。我们通过问卷星平台将问卷链接发送至各个渠道，共回收 462 份问卷，剔除未使用过移动漫画阅读平台的用户问卷、填写时间过短（小于 90 秒）的问卷、问卷答案完全一样等不符合要求的问卷 62 份后，最终得到有效问卷 400 份，有效率为 86.58%。

本次调研使用 SPSS 20.0 以及 Mplus 7.4 分别对问卷数据进行描述性统计分析、验证性因子分析、路径分析和中介效应检验，达到预期的效果，表明量表的可靠度较高，内部一致性较好。

四、研究结果

（一）样本的描述性统计分析

通过对样本特征的描述性统计可以看出（见表 7-2），从性别上看，本次调研中被调查对象男性和女性的占比分别为 48.50% 和 51.50%，两者比例基本持平，女性稍多于男性，数据样本结构合理；年龄分布上，19～24 岁、25～30 岁的人数占比较大，分别是 80.50% 和 16.00%，可以看出，移动漫画阅读平台的用户年轻化趋势明显；学历上，有本科与硕士研究生学历的被调查对象占总人数的比例分别是81.50%和12.00%，说明大学生是移动漫画阅读平台的主要使用群体；从职业分布来看，公司职员和学生人数较多，分别占比为16.80%和63.50%；从月收入状况来看，大部分被调查对象的月收入为0~1500元和1501~3000元，占总人数的比例分别为45.00%和35.30%，这与大学生是主要用户群体、学生的收入来源一般比较少的调查结果是一致的。

总体而言，被调查对象主要以移动漫画阅读平台的女性用户，年龄大多在19~24岁的大学生为主。由于性别、年龄与学历这三项统计分布与我国网民以及二次元用户的总体相应比例分布基本吻合，因此，可以认为本研究收集的样本数据具有一定的代表性，本次调查数据所得结果产生的误差在允许的范围内。

表7-2 描述性统计结果

样本基本特征	分类	频率	百分比	有效百分比	累积百分比
性别	男	194	48.50	48.50	48.5
	女	206	51.50	51.50	100
	合计	400	100	100	—
年龄	18岁及以下	11	2.80	2.80	2.8
	19-24岁	322	80.50	80.50	83.3
	25-30岁	64	16.00	16.00	99.3
	31-40岁	3	0.80	0.80	100
	合计	400	100	100	—

续表 7-2

样本基本特征	分类	频率	百分比	有效百分比	累积百分比
学历	初中及以下	3	0.80	0.80	0.8
	高中	11	2.80	2.80	3.5
	专科	9	2.30	2.30	5.8
	本科	326	81.50	81.50	87.3
	硕士	48	12.00	12.00	99.3
	博士及以上	3	0.80	0.80	100
	合计	400	100	100	—
职业	公司职员	67	16.80	16.80	16.8
	学生	254	63.50	63.50	80.3
	公务员/事业单位职员	23	5.80	5.80	86
	个体户	11	2.80	2.80	88.8
	自由职业者	41	10.30	10.30	99
	其他	4	100.00	100.00	100
	合计	400	100	100	—
月收入	0-1500 元	180	45.00	45.00	45
	1500-3000 元	141	35.30	35.30	80.3
	3000-6000 元	55	13.80	13.80	94
	6000 元以上	24	6.00	6.00	100
	合计	400	100	100	—

表格来源：本研究根据 SPSS20.0 版本整理。

（二）验证性因子分析

通过 Mplus 7.4 软件进行验证性因子分析（confirmatory factor analysis），分析各个变量的收敛和区分效度，如表 7-3 所示。

表 7-3 验证性因子分析报告

变量	因子载荷	组合信度 (CR)	平均提取方差 (AVE)	区别效度						
				EC	PE	CQ	SQ	SER	SAT	UI
EC	0.731~0.817	0.853	0.592	0.769	—	—	—	—	—	—
PE	0.712~0.780	0.859	0.550	0.621**	0.742	—	—	—	—	—
CQ	0.637~0.745	0.794	0.492	0.636**	0.620**	0.701	—	—	—	—
SQ	0.645~0.764	0.805	0.509	0.555**	0.524**	0.660**	0.713	—	—	—
SER	0.677~0.758	0.769	0.527	0.532**	0.505**	0.612**	0.650**	0.726	—	—
SAT	0.627~0.759	0.845	0.523	0.628**	0.630**	0.691**	0.642**	0.657**	0.723	—
UI	0.692~0.798	0.843	0.575	.547**	0.585**	0.569**	0.562**	0.547**	0.665**	0.758

注:"**"在 0.01 级(双尾),相关性显著。对角线元素值为对应变量 AVE 的平方根。EC 为期望确认;PE 为感知娱乐性;CQ 为内容质量;SQ 为系统质量;SER 为服务质量;SAT 为满意度;UI 为持续阅读意愿。

对 7 个潜变量的测量模型分别进行了验证性因子分析，删除卡方差异值变化较大的题项对模型进行修正，使测量模型拟合度达到理想标准（$1 < \chi^2/df < 3$；RMSEA 和 SRMR < 0.08；TLI 和 CFI > 0.9）（Fornell & Larcker, 1981）。根据修正结果，潜变量服务质量的 SER4 题项删除后，模型修正理想。最终报告如下：$\chi^2 = 705.661$，$df = 356$，$\chi^2/df = 1.982$，CFI $= 0.943$，TLI $= 0.935$，RMSEA $= 0.050$，SRMR $= 0.039$[①]。

变量的组合信度（Construct Reliability，CR）均大于 0.7，说明量表具有很好的信度；平均提取方差值（Average Variance Extracted，AVE）大于或接近 0.5，说明该量表具有较好的收敛效度；所有变量的 AVE 值的平方根均大于该维度与其他维度之间的相关系数（见表 7-3 区别效度的对角线），量表具有良好的区别效度。

（三）路径分析

本章相关研究使用 Mplus 7.4 进行路径分析，χ^2 为 748.463，df 为 363，χ^2/df 为 2.062（<3），CFI 为 0.937（>0.9），TLI 为 0.93（>0.9），RMSEA 为 0.052（<0.08），SRMR 为 0.046（<0.08）。拟合指标说明结构方程模型拟合适配度良好，如表 7-4 所示。

表 7-4 结构方程模型假设检验报告

路径假设	路径系数（β）	标准误差（S. E.）	参数估计/标准误差	P 值	结果
H1：SAT→UI	0.667	0.065	10.268	0.000	支持
H2：EC→SAT	0.039	0.089	0.431	0.667	不支持
H3：PE→SAT	0.223	0.064	3.464	0.001	支持

---

① RSEA 为近似均方根误差；SRMR 为标准化均方根残差；TLI 为 Tucke-Lewis 指数；CFI 为比较拟合指数；df 为自由度。

续表 7-4

路径假设	路径系数 (β)	标准误差 (S.E.)	参数估计/标准误差	P 值	结果
H4：EC→PE	0.768	0.030	25.632	0.000	支持
H5：PE→UI	0.186	0.073	2.538	0.011	支持
H6：CQ→SAT	0.418	0.123	3.398	0.001	支持
H7：SQ→SAT	0.057	0.106	0.534	0.593	不支持
H8：SER→SAT	0.287	0.092	3.115	0.002	支持

注：EC 为期望确认；PE 为感知娱乐性；CQ 为内容质量；SQ 为系统质量；SER 为服务质量；SAT 为满意度；UI 为持续阅读意愿。

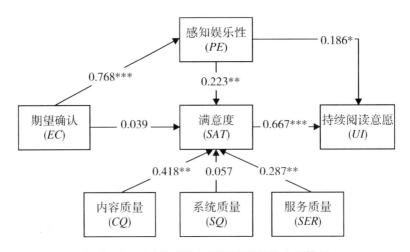

图 7-2 移动漫画持续阅读意愿结构方程模型

注："*""**"，"***"分别表示 P 值在 0.1、0.05、0.01 水平上显著。

根据表 7-4 和图 7-2 的结果可知，模型中 8 个假设有 6 个假设的显著性得到验证，模型整体的验证效果较好。证实了满意度显著正向影响持续阅读意愿（$\beta=0.667$，$S.E.=0.065$，$P<0.001$），假设 H1 成立；感知娱乐性正向影响持续阅读意愿（$\beta=0.186$，$S.E.=0.073$，$P=0.011<0.05$），假设 H5 成立；感知娱乐性正向影响满意

度（$\beta=0.223$，$S.E.=0.064$，$P=0.001<0.05$），假设 H3 成立；期望确认正向影响感知娱乐性（$\beta=0.768$，$S.E.=0.030$，$P<0.001$），假设 H4 成立；内容质量（$\beta=0.418$，$S.E.=0.123$，$P=0.001$）、服务质量（$\beta=0.287$，$S.E.=0.092$，$P=0.002$）均正向影响满意度，假设 H6 和 H8 成立。

然而，期望确认（$P=0.667>0.05$）和系统质量（$P=0.593>0.05$）对满意度的影响不显著，因此，假设 H2 和 H7 不成立。

（四）中介效应检验

本研究采用偏差校正的百分位 Bootstrap 法来检验中介效应，Bootstrap 样本量设置为 1000，用估计值序列第 2.5 百分位和第 97.5 百分位估计 95% 的中介效应置信区间，如表 7-5 所示。

表 7-5 Bootstrap 方法检验结果（样本数为 400，Bootstrap 样本量为 1000）

假设	中介路径	效应	参数估计值	标准误差	参数估计值/标准误差	95%置信区间		P 值	中介效应比（%）
						下限	上限		
H9	EC→PE→SAT	总效应	0.210	0.119	1.769	-0.04	0.428	0.077	81
		直接效应	0.039	0.130	0.297	-0.267	0.266	0.767	
		间接效应	0.171	0.074	2.311	0.046	0.340	0.021	

续表 7-5

假设	中介路径	效应	参数估计值	标准误差	参数估计值/标准误差	95%置信区间		P 值	中介效应比（%）
						下限	上限		
H10	PE→SAT→UI	总效应	0.334	0.089	3.748	0.168	0.529	0.000	45
		直接效应	0.186	0.093	1.992	0.001	0.365	0.046	
		间接效应	0.149	0.066	2.243	0.036	0.305	0.025	

注：EC 为期望确认；PE 为感知娱乐性；SAT 为满意度；UI 为持续阅读意愿。

如表 7-5 所示，在 EC→PE→SAT 的作用路径中，期望确认对满意度的总效应和直接效应不显著，但是间接效应显著，95%置信区间为 [0.046, 0.340]，说明期望确认通过感知娱乐性对满意度具有显著正向影响，感知娱乐性在期望确认和满意度之间起到了中介作用，中介效应比为 81%，假设 H9 成立。在 PE→SAT→UI 的作用路径中，感知娱乐性对持续阅读意愿的总效应显著，表明感知娱乐性对持续阅读意愿具有显著正向影响，这与前文的路径显著性分析结果一致。此外，感知娱乐性对持续阅读意愿的间接效应也显著，95%置信区间为 [0.036, 0.305]，表明满意度在感知娱乐性和持续阅读意愿之间起到了中介作用，中介效应比为 45%，假设 H10 成立。

五、讨论与展望

本章相关研究基于期望确认理论和信息系统成功理论对移动漫画读者的持续阅读意愿进行了实证研究，构建了测量模型和结构模型，提出的 10 个假设中有 8 个得到了较好的验证，2 个假设没有成立，根据研究结果得出以下结论和启示。

其一，影响移动漫画阅读意愿的关键因素是读者对阅读平台的满意度以及从阅读平台上获得的感知娱乐性。本章相关研究证实了满意度和感知娱乐性对用户持续阅读意愿具有显著正向影响（假设 H1 和 H5），其中，读者的满意度对持续阅读意愿影响最大（$\beta=0.667$），同时，感知娱乐性还能够通过满意度的中介作用对读者的持续阅读意愿产生影响（假设 H10）。

感知娱乐性既可以直接对持续阅读意愿产生影响，又可以通过满意度的中介作用对持续阅读意愿产生影响。所以，对移动漫画阅读平台而言，需要努力提高读者的满意度，同时不能忽略感知娱乐性。这一结论很好地回应了 Lin、易红等的观点，因为移动漫画阅读属于娱乐休闲型的信息系统，感知娱乐性能够帮助读者获得更好的阅读体验，在移动漫画阅读的信息系统中适当添加娱乐性功能版块，如小游戏、有奖任务、有趣的话题或活动、虚拟偶像等模块，会有助于增加用户黏性，提高读者的阅读意愿。随着现代科技的深入应用，虚拟技术与动漫行业深度融合，VR/AR 带动漫画内容生产、互动娱乐，为用户提供新奇体验，将为行业带来新的发展前景，这些都将提高移动漫画阅读平台的用户阅读意愿。

其二，读者对移动漫画阅读平台是否满意主要体现在移动漫画阅读平台所提供的内容质量是否吸引读者，所提供的服务质量是否满足读者的要求，以及平台是否有足够的娱乐性。具体而言，提高平台的满意度包括改善内容质量、服务质量和感知娱乐性。内容质量对读者满意度的影响最大（$\beta=0.418$），其次是服务质量（$\beta=0.287$），最后是感知娱乐性（$\beta=0.223$）。

首先，读者的满意度受到移动漫画阅读平台内容质量的显著影响，该结论很好地回应了李倩、杨根福等的观点。因此，我们认为漫画作品的质量才是用户的第一选择，漫画阅读平台需要引进优秀的漫画作品，丰富不同的漫画类型和风格，保持漫画作品的清晰度和完整度。目前，漫画平台上的作品无论是画风还是题材都变得日益丰富多样。例如，"条漫"盛行，"人人都是漫画家"，漫画创作和发布的门槛变低，这并不是坏事，因为这样可以让原创漫画更容易被发掘。但这也不尽是好事，"条漫"虽然符合如今用户的碎片化阅读习惯，但是分镜简陋、场景无纵深感、无法表现跨页漫画的恢弘气势，并不适宜热血题材漫画，突破这一限制需要漫画家熟练的画技和巧妙的设计。因为门槛变低，画手缺乏专业的知识背景和相关绘画技能，很容易让空洞无物的作品泛滥，抄袭和内容同质化问题将会变得更为严重，一些真正用心创作的高质量、高口碑的漫画作品反而会被埋没。不少漫画读者"吐槽"一些漫画剧情拖沓无营养，画手画技上的人物比例失调，漫画分镜制作粗糙。相关企业和漫画平台运营商需要重视漫画作品的质量把控，引进优秀的漫画作品，丰富不同的漫画类型和风格。对于漫画家们来说，则需要加强漫画画面内容的表现形式和构图分镜设计，丰富剧情。此外，技术上融合5G和AI，如"触漫"平台已经实现AI自动上色、实景生成漫画等技术，不仅智能化漫画内容创作流程，而且提高了漫画创作效率，进而大大提高了漫画更新的速度，有利于提高读者定期使用漫画阅读平台的频率。同时，漫画创作人才的培养和扶持以及独家原创内容，对于漫画阅读平台的长久运营也非常重要。

其次，服务质量对提高读者满意度具有重要作用。平台运营方需要提高技术投入，填补系统漏洞，升级服务和功能以满足不同用户的个性化需求。同时，还应重视拓展二次元社交功能，如弹幕、短视频、音频、角色扮演。

值得注意的是，信息系统模型中的系统质量对满意度的正向影响假设（假设H7）在本次的研究中并不成立，这和前人的研究结论存在一定的差异性，说明相较于漫画阅读的系统质量，读者更看重漫画阅读平台提供的内容资源和个性化、社交等服务是否符合自身的需求。而且随着科技的发展，市场上较大的移动漫画阅读平台一般具有较强的科技实力，开发的系统稳定性和操作便捷性较强。因此，读者对系统质量的感知较低。

其三，读者对漫画平台的期待能够通过从平台上获得的感知娱乐性影响其对平台的满意度。假设H9证实了感知娱乐性在期望确认和满意度之间发挥了中介作用,期望确认对感知娱乐性具有正向显著影响($\beta=0.768$)。然而,期望确认对满意度的正向影响假设未得到验证,但是通过中介效应检验,发现期望确认通过感知娱乐性间接正向影响满意度,感知娱乐性在期望确认和满意度之间起到了中介作用,说明读者使用前对移动漫画平台的内容资源、整体使用体验、提供的服务的预期若能得到证实和满足,那么,感知到的情感上的愉悦就越高;反之,若用户的心理预期无法得到满足,则极大可能会卸载该应用平台。对漫画平台而言,需要提高平台的娱乐性以满足读者的心理预期,这样才能够更有效地提高读者的满意度。

其四,研究展望。本次研究结合相关模型提出了 7 个研究变量(期望确认、感知娱乐性、内容质量、系统质量、服务质量、满意度、持续阅读意愿)。考虑到模型的稳定性和调查样本的规模,还有部分变量(例如,社会认同、感知成本,感知风险、转移成本等)暂时未被列入测量,未来可将社会认同和感知成本等因素纳入移动漫画持续阅读意愿模型。"Z 世代"的用户深受二次元文化的影响,其内心的情感世界以及行为动机受到很多因素的影响,往后的研究可以在本研究的基础上,考虑引入二次元社区或"漫圈"社交的社会认同因素,研究其对读者的持续使用行为的影响。此外,由于动漫市场上的漫画平台大部分具有付费阅读模式,付费标准和付费方式各有不同,有的按章节或整本购买,有的开通 VIP 通道阅读,所以,感知成本对读者的持续使用意愿可能也存在一定的影响。在后续的研究中,可以引入"感知成本"或"感知费用水平"构建模型,并进行实证研究。

第八章 研究结论与相关讨论

一、主要研究结论

社交媒体从诞生到现在,一直秉持着以用户为核心的理念。其用户发展经历了一个从单纯的个人用户群体到"个人-企业共存"的用户群体的过程。本研究的重点在于个人用户的心理感知。从品牌传播的角度来看,企业在完全的市场竞争中可以通过完善其企业经营理念及传播计划来达到开发受众价值的目的。在社交媒体领域里,无论是新进入者还是本身已经占据了大多数市场份额的媒介企业,都时刻面临着变革的技术和风格各异的用户群体。如何提高自身的流量,保持用户对社交媒体的品牌忠诚和品牌联想,是当前社交媒体企业面临的重要课题。本研究将用户的感知价值作为研究起点,分析了媒体感知价值的维度,构建了媒体感知价值对社交媒体品牌资产的作用机制模型,实证检验了媒体感知价值的每个维度对品牌忠诚和品牌联想的作用机制。本研究的主要研究结论包括以下三点。

第一,本研究从理论层面和实证层面分析、检验了社交媒体用户的感知价值,包括用户的工具价值、个人交往价值、娱乐价值和情感价值。首先,通过文献分析讨论了在传统领域里以及在互联网领域里感知价值的分析原则及维度,初步得到了以上四个维度;然后,通过实施调查访谈以及对感知价值四个维度的文献进行分析,提炼和制作了媒体感知价值的问卷;最后,对问卷数据进行了探索性因子分析和验证性因子分析以证实四个维度的可靠性,并以此夯实后续研究的基石。

媒体感知价值的四个维度的划分原则源自前人文献中总结的"平行模式"。查金祥（2006）总结了顾客价值维度的划分原则，采用"三分法"对电子商务领域里的顾客价值维度进行了划分。本研究的"平行模式"沿袭了相同的维度划分方法，但所提出的媒体感知价值的四个维度强调了互联网领域尤其是社交媒体的个性特征。工具价值与前人提出的功能价值有相似之处，但是具体到社交媒体，工具价值的内容相对广泛，所涉及的社交媒体公共账号和应用插件承担了方便用户学习、工作和生活的功能。这些价值并不完全是社交媒体企业所给予的，更多的是由平台的开放性所致，社交媒体作为一种工具，为用户提供了这样的价值。个人交往价值与前人所提出的社会性价值也有相似之处，但是区别在于，个人交往价值是社交媒体的特质。前人文献中的社会性价值是指顾客与顾客、顾客与企业之间的社会联结，而本研究中的个人交往价值只针对用户；由于媒介商业的特殊性，在社交媒体领域，用户不等于顾客，用户之间的联结为社交媒体带来的是庞大的流量，而不是直接的现金流。个人交往价值背后是网络外部效应的发挥，通俗地说，为社交媒体企业带来用户流量的这种价值即为本研究中的个人交往价值。本研究中的娱乐价值和情感价值与前人的研究相似，均为用户的情感体现；但本研究更为关注的是，社交媒体本身能够提供自身的游戏功能，本研究将这种功能归结为娱乐价值中的非工具价值，这一观点在问卷数据的处理中得到了证实。

第二，本研究厘清了媒体感知价值、品牌关系、品牌体验三者之间的逻辑关系。通过梳理国内外学者研究品牌关系和品牌体验的相关文献，本研究将品牌关系确立为品牌信任和品牌满意两个维度，同时将品牌体验视为单一维度进行研究。具体结论如下：①在媒体感知价值的四个维度中，情感价值能最大限度地作用于品牌信任和品牌体验。②交往价值对品牌满意的作用最大。③工具价值仅对品牌信任有影响。从统计学角度分析并证实了工具价值对品牌满意和品牌体验的影响作用不显著。

本研究认为极简主义的文化背景和个人心理认同促成了情感价值

的体现——在社交媒体平台上，人们通过点赞、转帖、评论等简单的操作将个人情感符号化地表达。对社交媒体企业而言，在资源投入的限制下，其应该更利于用户的情感表达。比如，微信流行一时的"李磊和韩梅梅系列""流氓兔系列"等表情符号，即快速、便捷、丰富地表达了用户的情感，以致很多用户愿意付费去获得一些更有创意的表情符号。过去的交流集中于文字，如今的网络社交中，GIF（Graphics Interchange Format，图形互换格式）创意图像更受到用户的青睐，由此可以认为情感策略是确立品牌价值的重要因素。

本研究认为社交媒体的基本属性决定了交往价值对品牌满意的影响，社交媒体平台具有网络外部效应。因此，同一个平台上的交往场能否最大限度地扩张，成为人们对该平台进行评价的最重要的标准，这也是腾讯能够相对容易地从PC端的QQ向移动端的微信转移的重要原因。微信推广的时候借助了QQ的推广渠道，可以从QQ号码以及绑定的手机号码导入微信。由于QQ积累了庞大的用户群体，在其彰显出的巨大网络外部效应的推动下，QQ助力微信用户数量迅速增长，使得微信成为移动端最大的社交媒体平台。

第三，本研究构建了媒体感知价值和品牌资产之间的作用机制模型。从结构方程的结果可以看到，在间接影响方面，媒体感知价值主要通过品牌关系和品牌体验的中介作用影响社交媒体的品牌资产；在直接影响方面，仅娱乐价值对品牌资产的品牌联想维度有着显著的正向影响。用户的娱乐价值之所以能够直接正向影响品牌资产，笔者认为，这是我国社交媒体特殊性的体现。问卷设计中，娱乐价值包含了移动端游戏的内容。微信自5.0版本后开启了游戏功能，而在我国的社交媒体企业中，手机游戏有着相当广泛的用户群体，腾讯的游戏收入占其总收入的60%左右，我国众多大型互联网企业也以游戏收入为其营收的主体，例如网易、搜狐等。由此，占据我国移动社交市场份额首位的微信对游戏板块的重视程度可见一斑。

本研究还注意到，品牌体验对品牌忠诚的作用最大，这也是各大社交媒体企业重视用户体验的重要原因之一。社交媒体已经渗透到用户生活的各个方面，使线下商业在线上实现场景化的操作极大地提升了用户体验。例如，阿里巴巴和腾讯均在打车市场进行了大量的投入，让用户获得良好的体验，从而培养了用户"线上叫车"的消费习惯。同样地，在社交媒体平台上开启移动支付和理财功能，让用户从传统的金融产品投资转向线上交易模式，制造一个安全且便捷交易的体验环境。

（一）价值的维度是有层次且稳定的

一方面，本研究拓展了使用与满足理论的应用边界，将 Katz（1973）关于受众需求的内容进行了进一步的延伸，认为需求是有层次的，不同的受众需求内部也存在一定的结构关系。根据本研究的结果可知，受众使用社交媒体的需求所体现的价值可以分为两个层次：一个是体现受众安全需要的价值，包括信息价值和组织交往价值；另一个是体现受众人际关系和归属感以及自我实现需求的价值，包括个人交往价值、休闲娱乐价值、情感和社会地位价值。总体而言，较低层次的价值对高层次的价值具有显著的驱动作用。

另一方面，本研究也验证了受众的需求是具有相对稳定性和普遍性的，使用与满足理论被应用于各类媒介选择和使用场景中，均被证实是有效的，且受众的需求也是相似的，说明受众的媒介使用动机是具有相对稳定性的。此外，也有学者就人类需求问题在跨文化环境中进行了普适性的讨论，证实了需求是普遍存在且相对稳定的（Goebel & Brown, 1981[①]; Tay & Diener, 2011[②]）。在不同媒介环境下，我们可以将这一结论进行延展性推广，作为未来研究受众选择使用新媒体的理论基础。

[①] Goebel B L, Brown D R. "Age Differences in Motivation Related to Maslow's Need Hierarchy", *Developmental Psychology*, 17.6 (1981): 809–815.

[②] Tay L, Diener E. "Needs and Subjective Well-being Around the World", *Journal of Personality and Social Psychology*, 101.2 (2011): 354–365.

（二）价值是主观的

感知价值不同于"客观价值"，是受众主观感受的体现。虽然我们对社交媒体感知价值来源的阐释不同于传统营销领域，后者认为感知价值来源于消费者对产品或服务的感知质量，而本研究认为，感知价值的来源是受众对媒介选择的需求和动机，但是，从形式上而言，两种价值来源都是主观的。

从媒介经营的角度看，感知价值的意义在于能够帮助传媒企业进行市场细分，找到自己营销的目标受众。例如，目前电台媒体的存在形式主要是汽车场景，在业界其甚至被称为"车载媒体"，目标受众主要是上下班通勤的车主，媒介消费的内容主要是音乐和交通元素。车主对电台媒体的感知价值应该是最高的，这也是为什么当前电台媒体的营业收入主要来自以车主为目标受众的汽车、房地产、药品等产品的广告收入。同样，其他媒体也有类似的情况。因此，如果对某类媒体的目标受众进行媒体感知价值的测量，例如，对受众进行 Q 型聚类分析，通过因子得分对受众进行分类识别，找出这类人群的社会和个人特征，就可以有针对性地制订相关的营销策略。

二、研究结论对社交媒体实践案例的解释

为了增强本研究结论的解释力度，本节将通过三个具体案例展示媒体感知价值及其中介变量对社交媒体品牌资产的具体作用。第一，在本研究结论中，社交媒体工具价值并没有对其品牌资产产生直接作用，从某种程度上说，工具价值在社交媒体品牌形成价值中的效果不明确。这似乎有悖于最初的假设。我们将从电子邮箱所面临的品牌窘境对该结论作具体分析。第二，社交媒体中的交往价值在媒体感知价值中对中介变量作用明显。我们将以新浪的品牌转型对该结论作印证性讨论。第三，本研究强调了品牌关系的重要中介作用。从研究结论

中可以看出，品牌关系对社交媒体品牌忠诚的作用最大，在社交媒体领域里，为用户提供场景式的体验成为社交媒体品牌成功的保障。

（一）工具价值的窘境——为何没有独立的电子邮箱品牌

一般认为，最早的网络社交媒体是电子邮件（简称电邮）。世界上第一封电邮的发送时间是有争议的，但是首次使用@作为邮件地址的间隔符是在1971年由为阿帕网工作的麻省理工学院博士Ray Tomlinson测试软件时发出的，开启了人类交往的新时代。[①] 电子邮箱是一个完全被工具化了的产品，其单一工具功能使其作为产品是出色的，但作为一个媒体品牌的品类，它则没有被完全品牌化。

凯文·莱恩·凯勒认为："品牌化过程的关键是要让消费者认识到品类中不同品牌之间的差异。品牌间的差异可以与品牌自身的属性或利益相关，或者与无形的形象因素相关。"[②] 电邮本身具有极强的工具属性，电邮产品之间的竞争利益点在于邮箱容量，但是绝大多数用户都不会使用到超过5G的邮箱容量。邮箱本身能够给用户带来的超额价值无法真正通过邮箱容量体现，这就导致电子邮箱厂商一方面宣布推出更大的邮箱容量并在硬件上进行巨额的投入，另一方面却难以通过其他途径打动用户。这种矛盾带来的是技术上的投入与消费者（受众）体验回报的不对称性。电子邮箱厂商无法实现差异化，也就无法让电邮真正体现其品牌价值。

1. 电子邮箱的工具性价值

电子邮箱是一种私密性极强的社交媒体，它将人类的书信通讯场景移植到互联网上，极大地方便了人与人之间的沟通与交流，在大众

[①] 张冠文：《互联网交往形态的演化》（学位论文），山东大学（2013年）。
[②] ［美］凯文·莱恩·凯勒：《战略品牌管理》（第4版），吴水龙、何云译，中国人民大学出版社2014年版。

信息传播上具有延时性的特征。在其应用广度上，虽然各种办公技术层出不穷，商业社交网络也逐步崭露头角，但电子邮件依然是工作场所最常用的工具。2010 年微软公司的调查显示，相比其他社交通信手段，电邮依旧是首选。2014 年底皮尤研究中心对"在线工作者"进行的调查显示，有 61% 的受访者认为电子邮箱"非常重要"，而选择互联网的只有 54%，选择社交网络的仅为 4%。皮尤研究中心所谓的"在线工作者"，指的是工作中接触网络的人，并不关注其工作性质如何。由此，我们可以看出，对电邮用户而言，电邮的工具性是最重要的品牌属性。

2. 工具价值无法完全成就其品牌资产的价值

厂商的技术张力可以凸显产品力，却无法真正维系客户品牌关系。客户品牌关系是建立强势品牌的基础，电子邮箱厂商无法强迫用户排他性地使用一种电邮。用户总是在各种产品中不断选择，选择的标准却与邮箱技术投入本身毫无关系，绝大多数用户只是将邮箱作为其获得其他网络服务的附加产品。例如，目前使用频率最高的谷歌的 Gmail、微软的 hotmail、网易的 163 邮箱、雅虎邮箱，当初用户在做选择的时候都不是依据邮箱产品的优劣而作出判断，而是选择一种其工具属性外的互联网增值服务，比如，获取门户信息、微软操作界面的便捷性等。这些邮箱本身都没有成为一个独立的品牌，绝大多数都只是大型互联网企业的子产品之一。这与邮箱的工具属性分不开，大多数企业仅仅将其作为积累用户的工具而已。甚至 hotmail 作为一个品牌已经退出历史舞台，微软以 Outlook 作为其移动端发展的替代品。在中国，张小龙的 foxmail 被腾讯收购成为 QQ 的备用邮箱。

最终，电子邮箱没有形成独立的品牌，这是电子邮箱发展的窘境。通过本研究的结论可以清楚地看到，单一强调媒体感知价值的工具价值并不能帮助电子邮箱或者说早期的社交媒体形成自身的品牌资产。本研究还认为，这一窘境的背后是单一性工具价值的投入和缺少市场价值产出这一对矛盾。市场不满足于互联网产品的工具价值，虽然电邮对将线下的书信社交场景带入互联网时代功不可没，但是电子邮箱本身所具有的交往价值并没有摆脱其工具性的应用,整个电邮行业都在强调网络邮件的安全与邮件容量,而不是将产业发展的重点放在扩大社交范围和模式上。所以,将线下场景复制到线上,仅仅是让社交触网,这是社交媒体品牌的起点,但只有当社交媒体的工具价值与交往价值等相结合时,社交媒体品牌才能迎来真正的发展。①

(二) 交往价值的商业化——新浪的华丽转身

新浪作为一家以新闻内容见长的门户网站,在推出微博之前一直经营着其社交媒体——新浪博客。微博作为其博客品牌的延伸,获得了相当大的成功,重要原因之一是新浪发掘了微博平台的用户的交往价值,使微博用户群体迅速增长。

1. 转身前的新浪——以内容见长的门户网站

新浪是一家以内容见长的传统门户网站,在众多早期的互联网企业中,新浪的主营业务与传统媒介相似,而同期的门户网站搜狐、网易将网游及互联网增值服务作为主要经营方向。根据 2013 年的新浪年报,其近八成的收入来自广告业务,这在国内大型互联网企业中并不多见。广告以内容生产为卖点,新浪自身在内容生产上的优势与其他互联网媒介相比是很明显的。如表 8-1 所示,以粤传媒、《纽约时报》、凤凰卫视为代表的传统媒介,其广告业务占比与 2005 年的 60% 以上相比均有不同程度的下降,其中,《纽约时报》的广告业务占比曾在 2000 年达到 72%,凤凰卫视在 2005 年的绝大多数收入来源于电视广告。如今,传统广告业务的利润率也在下降,这和受众的注意力转移有直接的关系。因受众注意力发生了转移,所以广告主不再将资金投入传统媒介,这自然增加了媒介经营的营销成本,进而导致利润率下降。同时,这些传统媒介的广告业务不可避免地被网络媒介所分化。

---

① 张鸣民:《论社交媒体品牌发展》,载《前沿》2015 年第 4 期,第 79-84 页。

表 8-1 各媒介企业的广告业务占比

公司名称	所属类别	2005 年广告业务占比（%）	2013 年广告业务占比（%）
纽约时报	报纸	66.17	45.00
粤传媒	报纸	63.80	57.90
凤凰卫视	电视	90.00	60.63
新浪	门户网站	—	79.16
搜狐	门户网站	—	30.64
网易	门户网站	—	11.20
汽车之家	垂直网站	—	73.56
腾讯	网络综合媒体	—	8.33
微博	社交媒体	—	77.76

资料来源：各上市媒介企业年报。需要说明的是，搜狐、网易和腾讯的主营业务不是广告。

2. 新浪的突破——交往价值的发掘

新浪微博于 2009 年 8 月进行内测，并在一个月后上线，以内容见长的新浪在早期博客品牌所积累的大量用户的带动下迅速发掘了用户的交往价值，并将其转化为平台的品牌资产。

新浪采用推特的 140 字限制的方式，打出了"随时随地发现新鲜事"的品牌口号，将产品内容碎片化，并利用 PC 端和移动端两个客户端，让更多的人有时间去更新微博内容。在快节奏的社会生活中，受众更加分化，受众的时间碎片化也加速了媒介的碎片化，让大众媒介无法像以前那样轻松地聚集人们的注意力。[①] 在此背景之下，微博冲击着传统媒体以及早期的互联网媒体，包括门户网站、BBS

---

① 黄升民、周艳：《互联网的媒体化战略》，中国市场出版社 2012 年版，第 5 页。

等，实时性和碎片化的特征使其已经成为最有效的公众信息和突发性新闻发布平台。例如，政府部门通过微博发布政务信息，回应社会关注；在雅安地震发生 3 秒钟之后，第一条相关微博就出现了，且在地震发生后 1 分 56 秒，在灾区的微博用户就发布了第一条实时信息。[①] 同时，微博更多的转发与关注，让受众成为其品牌建设的参与者。例如，柯达公司的破产与社交媒体照片墙的崛起，前者在鼎盛时期的雇员有 14 万人之多，公司市值达到了 280 亿美元，但是，如今的照片墙的市值具有 10 亿美元，2012 年其被脸书收购时雇员仅有 13 人。这些财富的创造是由千百万名免费用户所共同完成的。由此可见，用户的交往和参与是这类社交媒体的显著标志之一。

用户参与度的加深和注意力的转移，降低了社交媒体企业的经营成本和营销成本，使得社交媒体成为高度商业化的媒介，更受资本市场和消费群体的关注，这都为社交媒体带来了更多的发展机会——摆脱了工具性的桎梏，树立了其新新媒介的市场地位和品牌溢出效应。

（三）品牌关系的作用——支付触网构建体验式场景

1. 社交媒体的支付触网

2011 年，微信作为即时通讯工具进入社交媒体品牌市场。在微信之前的社交媒体，如中国移动的飞信、苹果的 iMessage、跨平台的国际 IM 软件 WhatsApp，甚至腾讯自有的手机 QQ，都是其进入市场的主要竞争对手。在微信推广的时候，同样是手机端的新浪微博已经有接近 1 亿的用户量。微信的发展定位不仅仅局限于成为一款即时通讯工具，更是利用其用户资源将自己发展成为一个强大的移动综合社交平台，特别是以微信钱包为载体，让支付触网，构建自身的支付要

---

① 张鸣民：《大数据背景下的新媒介演进》，载《中国媒体发展研究报告》2013 年，第 138–143 页。

素品牌，与淘宝的支付宝竞争移动社交场景。

2. 支付触网构筑社交媒体的品牌体验

支付建立在交易的基础之上，支付的主体是交易双方，传播的内容是交易信息。在过去，支付用现金，交易信息通过口头传递，交易本身就是一种信息传递的过程，支付在人们的生活场景中也是以媒介的形式存在的。在当今的互联网时代，我们的交易信息通过银行卡、支付宝或者微信钱包之类的支付方式进行传递。例如，消费者在便利店买东西时，即可通过支付宝来完成支付流程，这一过程高效便捷，完全省去了找零或者刷卡的时间，有着非常好的用户体验。在过去，支付仅仅出现在买卖双方之间，如今，支付宝已经成为个人社交中连接线上与线下的工具。2013年8月，财付通与微信合作推出了微信支付，并于2014年1月27日利用"微信抢红包"进行营销，获得了大量的用户绑定。这让微信开始了在支付领域的拓展。

微信、微博先后在支付领域拓展，前者推出了自己的微信钱包，后者与阿里巴巴合作，绑定了支付宝。在互联网时代，尤其是移动互联网时代，建立虚拟的场景不容易，连接各种虚拟场景的付款更不容易，尤其是要培养移动支付方式让其成为生活使然。2014年滴滴打车与快的打车的竞争，实际上是对支付端口的争夺，其火爆程度反映了互联网企业对移动支付的重视和热情，但代价不菲。所幸的是，我们已经看到了支付要素在品牌构建中的重要作用，这也让微信完全摆脱了即时通讯软件的"枷锁"，成为真正的移动互联网综合平台。

当今的社交媒体正在以其庞大的用户群体为基础逐步渗透到各种线上虚拟场景的对接上，在可以预见的未来，社交媒体将以交往属性为核心、以支付为手段拓展自己的品牌视野，改变现有的媒介生态环境，并进一步提升自身的品牌资产价值。

三、研究的局限性及展望

（一）研究的局限性

本研究通过文献分析和实证研究构建并验证了媒体感知价值的量表以及媒体感知价值对社交媒体的影响机制模型，分析并揭示了模型中各个变量之间的作用关系，达到了预期的研究目标，但是也存在不足之处，需要在今后的研究中作出修正。

由于模型设计和分析的复杂性，加之个人能力有限，本研究根据前人的研究文献及访谈的结果，将中介变量和品牌资产的维度分别控制在两个以内。虽然模型能够解释媒体感知价值对品牌资产的作用机制，但是在更加系统地对品牌资产及中介变量进行全面分析方面略显不足，也缺乏对其他影响因素的全面考虑，后续研究将会考虑模型中更多的影响因素，以此完善本研究的缺憾。

本研究没有对移动端和 PC 端的社交媒体加以区隔，实际上，个人在使用社交媒体时，在不同的场景下所选择的渠道是不同的。社交媒体企业能够通过 IP 地址获得用户使用的渠道，这对社交媒体企业而言尤为重要。目前，业界所谓的"大屏"与"多屏"之争正是对用户使用渠道的博弈。在通过社交媒体平台进行广告投放时，无论是广告商还是平台企业都需要了解用户在不同时段使用的渠道，而本研究在模型设计和问卷设计中缺省渠道的单独诠释，这也是后续研究需要考虑的因素。

（二）研究展望

社交媒体以用户为中心，但是用户群体的形式多种多样。本研究主要定位于对个人用户的讨论，但实际上目前社交媒体的用户群体不仅仅是个人，还有大量的企业用户，例如，微博、微信的公众号等。企业用户的感知虽然不同于个人用户，但从品牌传播的视角来看，两者对社交媒体品牌都有着极其重要的影响力。企业用户作为用户主体之一，其对社交媒体的品牌资产的作用不言而喻。因此，未来的用户研究可以从以下两个思路延展：思路一，对个人用户的感知价值应继续进行深入的探讨，并充分顾及用户使用渠道（移动端和 PC 端）因素，从而驱动品牌资产的更多因子去完备模型构建；思路二，从企业用户的角度着手探究企业用户与个人用户的异同点，发掘企业用户对社交媒体品牌资产的作用机制。

参 考 文 献

一、中文文献

[1] 中国互联网络信息中心（CNNIC）.第50次中国互联网络发展状况统计报告［R］.北京：中国互联网络信息中心，2021.

[2] 阿尔瓦兰.传媒经济与管理学导论［M］.崔保国，杭敏，徐佳，译.北京：清华大学出版社，2010.

[3] 艾媒网.二次元行业数据分析：2020年中国二次元用户规模达3.7亿人［EB/OL］.（2020 – 03 – 07）［2021 – 03 – 27］.https://www.iimedia.cn/c1061/69643.html.

[4] 安田.聚合类新闻APP用户黏性的影响因素研究［D］.保定：河北大学，2019.

[5] 敖蕾.动漫类App产品短视频功能比较研究：以"快看漫画"和"腾讯动漫"为例［J］.新媒体研究，2020，6（9）：35 – 37.

[6] 白长虹.西方的顾客价值研究及其实践启示［J］.南开管理评论，2001（2）：51 – 55.

[7] 莱文森.新新媒介［M］.何道宽，译.上海：复旦大学出版社，2013.

[8] 查金祥.B2C电子商务顾客价值与顾客忠诚度的关系研究［D］.杭州：浙江大学，2006.

[9] 陈兵.文化与商业困境中的电视品牌建构［D］.杭州：浙江大学，2005.

[10] 陈兵.媒体品牌论：基于文化与商业契合的核心竞争力培育［M］.北京：中国传媒大学出版社，2008.

[11] 陈力丹，史一棋.重构媒体与用户关系：国际媒体同行的互联网思维经验［J］.新闻界，2014（24）：75 – 80.

[12] 陈威如，余卓轩.平台战略：正在席卷全球的商业模式革命

[M]．北京：中信出版社，2013．
[13] 陈薇，吕尚彬．媒介融合背景下中国报业组织结构的创新路径 [J]．当代传播，2014（4）：59-61．
[14] 陈云．中国社交类应用用户行为研究 [J]．互联网天地，2014 (1)：57-63．
[15] 成海清．顾客价值驱动要素剖析 [J]．软科学，2007，21 (2)：48-51．
[16] 程娟，王玉林，钱晋．社交媒体环境下用户阅读推广持续意愿研究 [J]．出版发行研究，2018（4）：68-73．
[17] 程开明．结构方程模型的特点及应用 [J]．统计与决策，2006 (10)：22-25．
[18] 崔磊．购物网站品牌建构中的顾客在线行为研究 [D]．武汉：华中科技大学，2012．
[19] 翟嘉靖．用户体验视角下数据新闻满意度与持续阅读意愿关系研究 [D]．北京：中国社会科学院研究生院，2020．
[20] 董大海，权小妍，曲晓飞．顾客价值及其构成 [J]．大连理工大学学报（社会科学版），1999（4）：18-20．
[21] 董大海，杨毅．网络环境下消费者感知价值的理论剖析 [J]．管理学报，2008（6）：856-861．
[22] 杜耀宗，孔正毅．社交阅读：转向、特征与路径 [J]．编辑之友，2018（8）：12-15．
[23] 范秀成，罗海成．基于顾客感知价值的服务企业竞争力探析 [J]．南开管理评论，2003（6）：41-45．
[24] 范秀成．基于顾客的品牌权益测评：品牌联想结构分析法 [J]．南开管理评论，2000（6）：9-13．
[25] 范秀成．品牌权益及其测评体系分析 [J]．南开管理评论，2000（1）：9-15．
[26] 菲利普·科特勒．营销管理 [M]．8版．上海：格致出版社，1994．
[27] 高昊，陈佳沁．日本数字漫画出版经营模式探析 [J]．编辑之

友,2018(10):107-112.

[28] 格雷姆·特纳. 普通人与媒介:民众化转向[M]. 徐静,译. 北京:北京大学出版社,2011.

[29] 古安伟. 基于消费者关系视角的品牌资产概念模型及其驱动关系研究[D]. 长春:吉林大学,2012.

[30] 顾睿,胡立斌,王刊良. 社交网站价值感知和社会影响对用户忠诚影响的实证研究[J]. 信息资源管理学报,2013(1):10-21.

[31] 关辉,董大海. 中国本土品牌形象对感知质量-顾客满意-品牌忠诚影响机制的实证研究:基于消费者视角[J]. 管理学报,2008,5(4):583-590.

[32] 管荣伟. 网络购物环境下消费者感知价值提升路径探讨[J]. 商业时代,2013(34):54-55.

[33] 郭光华. 论网络舆论主体的"群体极化"倾向[J]. 湖南师范大学社会科学学报,2004(6):110-113.

[34] 郭渊静. 巧用网络外部性掘金增值业务[J]. 中国电信业,2010(3):62-65.

[35] 韩冰. 互联网环境下顾客感知价值与信任关系研究[D]. 大连:大连理工大学,2007.

[36] 韩飞飞,葛章志. 融媒体环境下用户持续阅读意愿影响因素研究[J]. 新世纪图书馆,2020(9):28-33.

[37] 何佳讯. 品牌资产测量的社会心理学视角研究评价[J]. 外国经济与管理,2006,28(4):48-52.

[38] 何威. 网众与网众传播:关于一种传播理论新视角的探讨[J]. 新闻与传播研究,2010,19(5):47-54,109-110.

[39] 胡翼青. 论网际空间的"使用—满足理论"[J]. 江苏社会科学,2003(6):204-208.

[40] 胡莹. 移动微博持续使用行为影响因素研究[D]. 北京:北京邮电大学,2013.

[41] 胡正荣,段鹏,张磊. 传播学总论[M]. 2版. 北京:清华大

学出版社，2008．

[42] 黄楚新，王诗雨．社会化媒体环境下党报与微博的互动：基于《人民日报》新浪微博的观察［J］．中国青年政治学院学报，2013，32（4）：114-118．

[43] 黄合水，蓝燕玲．媒体品牌资产的作用机制［J］．厦门大学学报（哲学社会科学版），2010（2）：66-71．

[44] 黄合水，雷莉．品牌与广告的实证研究［M］．北京：北京大学出版社，2006．

[45] 黄合水，彭聃龄．关于品牌资产的一种认知观点［C］//中国心理学会．第九届全国心理学学术会议文摘选集．北京：中国心理学会，2001：2．

[46] 黄合水，彭聃龄．论品牌资产：一种认知的观点［J］．心理科学进展，2002（3）：350-359．

[47] 黄升民，周艳．互联网的媒体化战略［M］．北京：中国市场出版社，2012．

[48] 黄颖华，黄福才．旅游者感知价值模型、测度与实证研究［J］．旅游学刊，2007（8）：42-47．

[49] 界面新闻．美国293亿日本73亿元，这几个海外漫画市场值得关注［EB/OL］．（2021-02-03）［2021-03-27］https：//www.jiemian.com/article/5642060.html．

[50] 金玉芳，董大海，刘瑞明．消费者品牌信任机制建立及影响因素的实证研究［J］．南开管理评论，2006（5）：28-35．

[51] 卡斯·H·桑斯坦．网络共和国：网络社会中的民主问题［M］．黄维明，译．上海：上海人民出版社，2003．

[52] 康庄，石静．品牌资产、品牌认知与消费者品牌信任关系实证研究［J］．华东经济管理，2011（3）：99-103．

[53] 李存超．电子商务平台服务质量对品牌资产的影响机理研究［D］．济南：山东大学，2014．

[54] 李启庚．品牌体验的形成及对品牌资产的影响研究［D］．上海：上海交通大学，2012．

[55] 李倩, 侯碧梅. 基于 DM 和 ECM-IT 的移动社交网络用户持续使用意图研究 [J]. 信息系统学报, 2013 (1): 50-59.

[56] 李武, 赵星. 大学生社会化阅读 APP 持续使用意愿及发生机理研究 [J]. 中国图书馆学报, 2016, 42 (1): 52-65.

[57] 李武. 感知价值对电子书阅读客户端用户满意度和忠诚度的影响研究 [J]. 中国图书馆学报, 2017, 43 (6): 35-49.

[58] 李雪欣, 钟凯. 网络消费者感知价值影响因素的实证研究 [J]. 首都经济贸易大学学报, 2013 (3): 77-84.

[59] 李玉洁. 微博在大学生群体中扩散规律的实证研究 [D]. 成都: 成都理工大学, 2011.

[60] 梁士金. 社交媒体视角的用户持续碎片化阅读意愿: 基于 ECM-ISC 和主观规范的实证 [J]. 图书馆学研究, 2020 (9): 80-88.

[61] 刘超, 喻国明. 媒体品牌个性的实证研究: 以《南方都市报》为例 [J]. 东岳论丛, 2013 (5): 119-124.

[62] 刘鲁川, 孙凯. 移动数字阅读服务用户采纳后持续使用的理论模型及实证研究 [J]. 图书情报工作, 2011, 55 (10): 78-82.

[63] 卢泰宏, 黄胜兵, 罗纪宁. 论品牌资产的定义 [J]. 中山大学学报 (社会科学版), 2000, 40 (4): 17-22.

[64] 罗胜强, 姜嬿. 管理学问卷调查研究方法 [M]. 重庆: 重庆大学出版社, 2014: 148-149.

[65] 罗以澄, 吕尚彬. 民本化、产业化、数字化、国际化: 我国传媒发展的四大战略走向 [J]. 新闻传播, 2009 (8): 7-10.

[66] 孟庆良, 韩玉启. 顾客价值驱动的 CRM 战略研究 [J]. 价值工程, 2006, 25 (4): 27-30.

[67] 潘广锋. 网站特征对互联网品牌忠诚的影响机理研究 [D]. 济南: 山东大学, 2013.

[68] 秦辉, 邱宏亮, 吴礼助. 运动鞋品牌形象对感知-满意-忠诚关系的影响研究 [J]. 管理评论, 2011 (8): 93-102.

［69］邵培仁．论人类传播史上的五次革命［J］．中国广播电视学刊，1996（7）：5-8.

［70］沈晓濛．互联网背景下快看漫画 APP 的盈利模式研究［J］．新闻研究导刊，2019，10（21）：199-200.

［71］宋祖华．媒体品牌战略研究［D］．上海：复旦大学，2005.

［72］苏帆帆．移动阅读业务持续使用行为影响因素研究［D］．北京：北京邮电大学，2011.

［73］孙强，司有和．网上购物顾客感知价值构成研究［J］．科技管理研究，2007（7）：185-187.

［74］谭淑媛．个性化新闻推荐 APP 用户持续使用行为研究［D］．昆明：云南财经大学，2016.

［75］唐佳希，刘巧华，董彦君．信息、系统和服务：移动漫画阅读应用的对比及启示：以信息系统成功模型为理论视角［J］．出版发行研究，2013（8）：75-78.

［76］万苑微．感知利益、感知风险和购买成本对网络消费者购买意向影响的研究［D］．广州：华南理工大学，2011.

［77］王斌．"点赞"：青年网络互动新方式的社会学解读［J］．中国青年研究，2014（7）：20-24.

［78］王海忠，于春玲，赵平．品牌资产的消费者模式与产品市场产出模式的关系［J］．管理世界，2006（1）：106-119.

［79］王家宝，秦朦阳．品牌知名度与品牌形象对消费者购买意愿的影响［J］．企业研究，2011（2）：50-51.

［80］王雨，李子运，陈莹．大学生数字化阅读的影响因素研究［J］．中国远程教育，2014（8）：57-64.

［81］卫海英，王贵明．品牌资产与经营策略因子关系的回归分析：对105家大中型企业的问卷调查［J］．学术研究，2003（7）：63-65.

［82］沃尔特·麦克道尔，艾伦·巴滕．塑造电视品牌：原则与实践［M］．唐丽娟，译．北京：中国传媒大学出版社，2006.

［83］吴明隆．问卷统计分析实务：SPSS 操作与应用［M］．重庆：

重庆大学出版社，2009：197－198.

[84] 吴晓波，周浩军，胡敏，等. 感知价值、满意度与继续使用意向——基于3G用户的实证研究［J］. 心理科学，2012（4）：943－950.

[85] 吴新辉，袁登华. 消费者品牌联想的建立与测量［J］. 心理科学进展，2009（2）：451－459.

[86] 相喜伟，王秋菊. 网络舆论传播中群体极化的成因与对策［J］. 新闻界，2009（5）：94－95.

[87] 谢新洲，安静. 微信的传播特征及其社会影响［J］. 中国传媒科技，2013（11）：21－23.

[88] 新华社. 国家"十三五"时期文化发展改革规划纲要.［EB/OL］.（2017－05－07）［2021－03－27］http：//www.gov.cn/zhengce/2017－05/07/content_ 5191604.htm.

[89] 熊莎. 国内移动社交用户使用意愿的影响因素研究［D］. 北京：北京邮电大学，2013.

[90] 薛可，余明阳. 媒体品牌竞争力评估的理论模型［J］. 新闻大学，2007（3）：135－139.

[91] 薛可，余明阳. 谈媒体品牌的延伸模式［J］. 国际新闻界，2006（7）：64－68.

[92] 杨根福. 移动阅读用户满意度与持续使用意愿影响因素研究：以内容聚合类APP为例［J］. 现代情报，2015，35（3）：57－63.

[93] 杨爽，周星，邹俊毅. SNS用户感知价值的构成维度对关系质量影响的研究［J］. 消费经济，2010（6）：63－67.

[94] 杨晓燕，周懿瑾. 绿色价值：顾客感知价值的新维度［J］. 中国工业经济，2006（7）：110－116.

[95] 杨毅. 互联网渠道顾客感知价值研究［D］. 大连：大连理工大学，2007.

[96] 易红，张冰梅，宋微. 市民移动阅读选择偏好性和持续使用性影响因素的实证研究［J］. 图书馆理论与实践，2015（1）：

32-37.

[97] 余明阳, 舒咏平. 论"品牌传播"[J]. 国际新闻界, 2002 (3): 63-68.

[98] 余明阳, 薛可. 媒体品牌[M]. 上海: 上海交通大学出版社, 2009.

[99] 喻国明, 欧亚, 张佰明, 等. 微博: 一种新传播形态的考察(影响力模型和社会性应用)[M]. 北京: 人民日报出版社, 2011.

[100] 喻国明. 微博价值: 核心功能、延伸功能与附加功能[J]. 新闻与写作, 2010 (3): 61-63.

[101] 张冠文. 互联网交往形态的演化: 媒介环境学的技术文化史视角[D]. 济南: 山东大学, 2013.

[102] 张明立. 顾客价值: 21世纪企业竞争优势的来源[M]. 北京: 电子工业出版社, 2007.

[103] 张明鑫. 大学生社会化阅读APP持续使用意愿研究: 沉浸体验的中介效应[J]. 大学图书馆学报, 2021, 39 (1): 100-109.

[104] 张鸣民, 叶银娇, 徐萍. 社交媒体感知价值的量表开发及验证[J]. 新闻与传播评论, 2021, 74 (5): 28-42.

[105] 张鸣民. 大数据背景下的新媒介演进[J]. 中国媒体发展研究报告, 2013 (1): 138-143.

[106] 张鸣民. 论社交媒体品牌发展[J]. 前沿, 2015 (4): 79-84.

[107] 张鹏. C2C模式下顾客参与对顾客感知价值的影响研究[D]. 大连: 东北财经大学, 2010.

[108] 章萌. 移动有声阅读用户内容付费意愿影响因素研究[J]. 出版发行研究, 2019 (1): 28-34.

[109] 赵德华, 王晓霞. 网络人际交往动机探析[J]. 社会科学, 2005 (11): 119-124.

[110] 赵欢欢, 张和云. 大学生网络交往动机与网络利他行为: 网络人际信任的中介作用[J]. 心理研究, 2013 (6): 92-96.

[111] 赵占波. 品牌资产维度的探索性研究[J]. 管理科学, 2005,

18（5）：10-16.

[112] 郑莉. 社群视角下移动阅读 APP 用户持续使用行为研究[D]. 秦皇岛：燕山大学，2018.

[113] 支庭荣. 电视媒体品牌价值的评估方法及其改进[J]. 中国广播电视学刊，2009（3）：20-21.

[114] 钟小娜. 网络购物模式下的消费者感知价值研究[J]. 经济论坛，2005（15）：131-133.

[115] 周鸿，刘倩蓉. 互联网漫画行业的多维传播策略探析：以《快看漫画》APP 为例[J]. 今传媒，2018，26（3）：22-24.

[116] 朱娅茹，查先进，严亚兰. 用户体验和现状偏差视角下移动阅读 APP 持续使用意愿影响因素研究[J]. 国家图书馆学刊，2020（6）：43-55.

二、外文文献

[1] AAKER D. Building Strong Brands[M]. New York：The Free Press，1996.

[2] AAKER D A. Managing Brand Equity：Capitalizing On the Value of a Brand Name[M]. New York：Free Press，1991.

[3] ANDERSON E，Weitz B. The Use of Pledges to Build and Sustain Commitment in Distribution Channels[J]. Journal of Marketing Research，1992，29（1）：18-34.

[4] BA S，PAVLOU P A. Evidence of the Effect of Trust Building Technology in Electronic Markets：Price Premiums and Buyer Behavior[J]. MIS Quarterly，2002，26（3）：243-268.

[5] BABIN B J，GRIFFIN M. Work and/or Fun：Measuring Hedonic and Utilitarian Shopping Value[J]. Journal of Consumer Research，1994，20（4）：644-656.

[6] BATRA R，AHTOLA O T. Measuring the Hedonic and Utilitarian Sources of Consumer Attitudes[J]. Marketing Letters，1991，2（2）：159-170.

［7］ BHATTACHERIEE A. An Empirical Analysis of the Antecedents of Electronic Commerce Service Continuance［J］. Decision Support Systems, 2001, 32（2）: 201 – 214.

［8］ BHATTACHERJEE A, Perols J, Sanford C. Information Technology Continuance: A Theoretic Extension and Empirical Test［J］. Journal of Computer Information Systems, 2008, 49（1）: 17 – 26.

［9］ BLACKSHAW P, NAZZARO M. Consumer-Generated Media（CGM）101 Word-of-Mouth in the Age of the Web-Fortified Consumer［R］. New York: Nielsen Buzz Metrics White Paper, 2006: 1 – 13.

［10］ BOURDEAU L, CHEBAT J C, COUTURIER C. Internet Consumer Value of University Students: E-mail-vs.-Web Users［J］. Journal of Retailing & Consumer Services, 2002, 9（2）: 61 – 69.

［11］ BOYD D M, ELLISON N B. Social Network Sites: Definition, History, and Scholarship［J］. Journal of Computer-Mediated Communication, 2007, 13（1）: 210 – 230.

［12］ BURNS M J. Value in Exchange: The Consumer Perspective［D］. Knoxville: the University of Tennessee, 1993.

［13］ BUTZ H E, GOODSTEIN L D. Measuring Customer Value: Gaining the Strategic Advantage［J］. Organizational Dynamics, 1996, 24（3）: 63 – 77.

［14］ CARDOZO R. Customer Satisfaction: Laboratory Study and Marketing Action［J］. Journal of Marketing Research, 1964（2）: 244 – 249.

［15］ CHAN-OLMSTED S M, CHA J. Branding Television News in a Multichannel Environment: An Exploratory Study of Network News Brand Personality［J］. International Journal on Media Management, 2007, 9（4）: 135 – 150.

［16］ CHAN-OLMSTED S M, KIM Y. Perceptions of Branding Among Television Station Managers: An Exploratory Analysis［J］. Journal of Broadcasting & Electronic Media, 2001: 75 -91.

[17] CHAUDHURI A, HOLBROOK M B. The Chain of Effects from Brand Trust and Brand Affect to Brand Performance: the Role of Brand Loyalty [J]. Journal of Marketing, 2001, 65 (2): 81 -93.

[18] CHILDERS T L, CARR C L, PECK J, et al. Hedonic and Utilitarian Motivations for Online Retail Shopping Behavior [J]. Journal of Retailing, 2001, 77 (4): 511 -535.

[19] DAVIS F D, BAGOZZI R P, WARSHAW P R. Extrinsic and Intrinsic Motivation to Use Computer in the Workplace [J]. Journal of Applied Social Psychology, 1992, 22 (14): 1109 -1130.

[20] DAY G S. The Capabilities of Market-Driven Organizations [J]. Journal of Marketing, 1994, 58 (4): 37 -52.

[21] DELONE W H, MCLEAN E R. Information Systems Success: The Quest for the Dependent Variable [J]. Information Systems Research, 1992, 3 (1): 60 -95.

[22] DELONE W H, MCLEAN E R. The DeLone and McLean Model of Information Systems Success: A Ten-Year Update [J]. Journal of Management Information Systems, 2003, 19 (4): 9 -30.

[23] DUTTA S. What's Your Personal Social Media Strategy? [J]. Harvard Business Review, 2010, 88 (11): 127 -130.

[24] DYSON P, FARR A, HOLLIS N S. Understanding, Measuring, and Using Brand Equity [J]. Journal of Advertising Research, 1996, 36 (6): 9 -22.

[25] FARQUHAR P H. Management Brand Equity [J]. Marketing Research, 1989 (30): 24 -33.

[26] FORNELL C, JOHNSON M, ANDERSON E W, et. al. The American Customer Satisfaction Index: Nature, Purpose, and Findings [J]. Journal of Marketing, 1996, 60 (4): 7 -18.

[27] FORNELL C A. National Customer Satisfaction Barometer: The Swedish Experience [J]. Journal of Marketing, 1992, 56 (1):

6-21.

[28] GALE B Y. Managing Customer Value: Creating Quality and Service that Customers Can See [M]. New York: Free Press, 1994.

[29] GRONROOS C. Value-Driven Relational Marketing: From Products to Resources and Competencies [J]. Journal of Marketing Management, 1997, 13 (5): 407-419.

[30] HARRIS L, GOODE M H. The Four Levels of Loyalty and the Pivotal Role of Trust: A Study of Online Service Dynamics [J]. Journal of Retailing, 2004, 80 (2): 139-158.

[31] HOLBROOK M B, HIRSCHMAN E C. The Experiential Aspects of Consumption: Consumer Fantasies, Feelings, and Fun [J]. The Journal of Consumer Research, 1982, 9 (2): 132-140.

[32] HOLBROOK M B. Customer Value: A Framework for Analysis and Research [J]. Advances in Consumer Research, 1996, 23 (1): 138-142.

[33] HOLBROOK M B. Consumer Value: A Framework for Analysis and Research [M]. New York: Routledge, 1999.

[34] HU J M, ZHANG Y. Understanding Chinese Undergraduates' Continuance Intention to Use Mobile Book-Reading Apps: An Integrated Model and Empirical Study (Article) [J]. Libri, 2016, 66 (2): 85-99.

[35] HUNG M C, HWANG H G, HSIEH T C. An Exploratory Study on the Continuance of Mobile Commerce: An Extended Expectation-Confirmation Model of Information System Use [J]. International Journal of Mobile Communications, 2007, 5 (4): 409-422.

[36] KAPLAN A M, HAENLEIN M. Users of the World, Unite! The Challenges and Opportunities of Social Media [J]. Business Horizons, 2010, 53 (1): 59-68.

[37] KATZ M L, SHAPIRO C. Network Externalities, Competition, and Compatibility [J]. American Economic Review, 1985, 75 (3):

424 - 440.

[38] KEENEY R L. The Value of Internet Commerce to the Customer [J]. Management Science, 1999, 45 (4): 533 - 542.

[39] KELLER K L. Building Customer-based Brand Equity [J]. Marketing Management, 2001, 10 (2): 14 - 21.

[40] KELLER K L. Conceptualizing Measuring and Managing Customer-based Brand Equity [J]. Journal of Marketing, 1993, 57 (1): 1 - 22.

[41] KIETZMANN J H, HERMKENSK, MCCARTHY L P, et al. Social Media? Get Serious! Understanding the Functional Building Blocks of Social Media [J]. Business Horizons Bloomington, 2011 (54): 241 - 251.

[42] KOGRAONKA P K, WOLIN L D. A Multivariate Analysis of Web Usage [J]. Jounral of Advertising Reseacrh, 1999, 39 (2): 53 - 68.

[43] LAGES L, FERNANDES J C. The SHRPVAL scale: a Multi-item Instrument for Measuring Service Personal Values [J]. Journal of Business Research, 2005, 58 (11): 1562 - 1572.

[44] LAI A W. Consumer Values, Product Benefits and Customer Value: A Consumption Behavior Approach [J]. Advances in Consumer Research, 1995, 22 (1): 381 - 388.

[45] LASSAR W, MITTAL B, SHARMA A. Measuring Customer-based Brand Equity [J]. Journal of Consumer Marketing, 1995 (12): 11 - 19.

[46] LEE K-C, CHUNG N. Understanding Factors Affecting Trust in and Satisfaction with Mobile Banking in Korea: A Modified DeLone and McLean's Model Perspective [J]. Interacting with Computers, 2009, 21 (5/6): 385 - 392.

[47] LIN C-S, WU S, TSAI R-J. Integrating Perceived Playfulness into Expectation-Confirmation Model for Web Portal Context [J]. Infor-

mation & Management, 2005, 42 (5): 683 -693.

[48] LIN H-F, LEE G-G. Determinants of Success for Online Communities: an Empirical Study [J]. Behaviour and Information Technology, 2006, 25 (6): 479 -488.

[49] LIVINGSTONE S. The Challenge of Changing Audiences: Or, What is the Audience Researcher to Do in the Age of the Internet [J]. European Journal of Communication, 2004 (1): 75 -86.

[50] MASLOW A H. A theory of Human Motivation [J]. Psychological Review, 1943, 50 (4): 370 -396.

[51] MATHWICK C, MALHOTRA N K, RIGDON E. The Effect of Dynamic Retail Experiences on Experiential Perceptions of Value: An Internet and Catalog Comparison [J]. Journal of Retailing, 2002, 78 (1): 51 -60.

[52] MCDOWELL W. Exploring a Free Association Methodology to Capture and Differentiate Abstract Media Brand Associations: a Study of Three Cable News Networks [J]. Journal of Media Economics, 2004 (17): 309 -320.

[53] MCQUAIL D. Mass Communication Theory: An Introduction [M]. London: Sage, 1983.

[54] LEV M. Assessing Nissan's Zen Effort [N]. The New York Times, 1990 -05 -14 (24).

[55] MONROE K, KRISHNAN R. The Effect of Price on Subjective Product Evaluations [M] //JACOBY J, OLSON J, eds. Perceived Quality: How Consumers View Stores and Merchandise. Lexington: Lexington Books, 1985: 209 -232.

[56] MONROE K B. Pricing: Making Profitable Decisions [M]. New York: McGraw-Hill Companies, 1990.

[57] MOON J-W, KIM Y-G. Extending the TAM for a World-Wide-Web context [J]. Information & Management, 2001, 38 (4): 217 -230.

[58] MORLEY D. Television, Audience, and Cultural Studies [M].

London & New York: Routledge, 1992.

[59] MULLEN M, MAINZ A. Brands, Bids and Balance Sheet: Putting a Price on Protected Products [J]. Acquisitions Monthly, 1989 (24): 26-27.

[60] NARDI B A, SCHIANOS D J, Gumbrecht M, et al. Why We Blog [J]. Communications of the ACM, 2004, 47 (12): 41-46.

[61] NOLAN H. Social Media Editor' Playing out Exactly as Suspected [N]. New York Times, 2009-05-26. http://gawker.com/5270593/new-york-timessocial-media-editor-playing-out-exactly-as-suspected

[62] OLIVER R L, SWAN J E. An Consumer Perceptions of Interpersonal Equity and Satisfaction in Transactions: A Field Survey Approach [J]. Journal of Marketing, 1989, 53 (2): 21-35.

[63] OTTERBRING T, LU C R. Clothes, Condoms, and Customer Satisfaction: the Effect of Employee Mere Presence on Customer Satisfaction Depends on the Shopping Situation [J]. Psychology & Marketing, 2018, 35 (6): 454-462.

[64] OTTO A S, SZYMANSKI D M, VARADARAJAN R. Customer Satisfaction and Firm Performance: Insights from over a Quarter Century of Empirical Research [J]. Journal of the Academy of Marketing Science, 2020, 48 (3): 543-564.

[65] PAGE C, LEPKOWSKA-WHITE E. Web Equity: A Framework for Building Consumer Value in Online Companies [J]. Journal of Consumer Marketing, 2002, 19 (3): 231-248.

[66] PAPACHARISSI Z, RUBIN A M. Predictors of Internet Use [J]. Journal of Broadcasting and Electronic Media, 2000 (44): 175-196.

[67] PAPPUR R, QUESTER P G, COOKSEY R W. Consumer-based Brand Equity: Improving the Measurement-Empirical Evidence

[J]. Journal of Product and Brand Management, 2005, 14 (3): 143-154.

[68] PARASURAMAN A, ZEITHAML V, BERRY L, et al. SERVQUAL: A Multiple-Item Scale for Measuring Consumer Perception of Service Quality [J]. Journal of Retailing, 1988, 64 (1): 12-40.

[69] PARASURAMAN A, GREWAL D. The Impact of Technology on the Quality-Value-Loyalty Chain: A Research Agenda [J]. Journal of the Academy of Marketing Science, 2000, 28 (1): 168-174.

[70] PERSE E M, RUBIN A M. Chronic Loneliness and Television Use [J]. Journal of Broadcasting & Electronic Media, 1990, 34 (1): 37-53.

[71] PINE B J, GILMORE J H. Welcome to the Experience Economy [J]. Harvard Business Review, 1998, 76 (4): 97-105.

[72] DEVELLIS R F. Scale Development: Theory and Application 2nd. [M]. London Robert F. Sage Publications, Inc., 2003: 6-7.

[73] ROCA J C, GAGNÉ M. Understanding E-Learning Continuance Intention in the Workplace: A Self-determination Theory Perspective [J]. Computers in Human Behavior, 2008, 24 (4): 1585-1604.

[74] SCHACHTER S, SINGER J. Cognitive, Social, and Physiological Determinants of Emotional State [J]. Psychological Review, 1962, 69 (5): 379.

[75] SHETH J N, NEWMAN B I, GROSS B L. Why We Buy What We Buy: A Theory of Consumption Values [J]. Journal of Business Research, 1991, 22 (2): 159-170.

[76] SHIN D H. Understanding E-book Users: Uses and Gratification Expectancy Model [J]. New Media & Society, 2011, 13 (2): 260-278.

[77] SIMON C J, SULLIVAN M W. The Measurement and Determinants

of Brand Equity: A Financial Approach [J]. Marketing. Science, 1993, 12 (1): 28 – 52.

[78] SIRDESHMUKH D, SINGH J, SABOL B. Consumer Trust, Value, and Loyalty in Relational Exchanges [J]. Journal of Marketing, 2002, 66 (1): 15 – 37.

[79] SMITH D, PARKER C W. The Effects of Brand Extensions on Market Share and Advertising Efficiency [J]. Journal of Marketing Research, 1992, 29 (3): 296 – 313.

[80] SORESCU A, SORESCU S M. Customer Satisfaction and Long-Term Stock Returns [J]. Journal of Marketing, 2016, 80 (5): 110 – 115.

[81] STEVENS J-R, BELL C E. Do Fans Own Digital Comic Books? Examining the Copyright and Intellectual Property Attitudes of Comic Book Fans [J]. International Journal of Communication, 2012, 6 (1): 751 – 772.

[82] SWEENEY J C, SOUTAR G N. Consumer Perceived Value: The Development of a Multiple Item Scale [J]. Journal of Retailing, 2001, 77 (2): 203 – 220.

[83] THONG J, HONG S J, TAM K Y. The Effects of Post-Adoption Beliefs on the Expectation-Confirmation Model for Information Technology Continuance [J]. International Journal of Human-Computer Studies, 2006, 64 (9): 799 – 810.

[84] WIXOM B H, TODD P A. A Theoretical Integration of User Satisfaction and Technology Acceptance [J]. Information Systems Research, 2005, 16 (1): 85 – 102.

[85] UZELAC E. Mastering Social Media [J]. Research, 2011, 34 (8): 44 – 47.

[86] VON FEILITZEN C. The Functions Served by the Media [M] // Brown R. Children and Television. Beverly Hills: Stage, 1976.

[87] WASHBURN J H, PLANK R E. Measuring Brand Equity: An

Evaluation of a Consumer-based Brand Equity Scale [J]. Journal of Marketing Theory and Practice, 2002, 10 (1): 46 – 62.

[88] WOOD C M, SCHEER L K. Incorporating Perceived Risk into Models of Consumer Deal Assessment and Purchase Intent [J]. Advances in Consumer Research, 1996, 23 (1): 399 – 404.

[89] WOODRUFF R B. Customer Value: The Next Source for Competitive Advantage [J]. Journal of the Academy of Marketing Science, 1997, 25 (2): 139 – 153.

[90] WOODRUFF R B, CADOTTE E R, JENKINS R L. Modeling Customer Satisfaction Processes Using Experience Based Norms [J]. Journal of Marketing Research, 1993, 20 (3): 296 – 304.

[91] YOO B, DONTHU N. Developing and Validating a Multidimensional Consumer-based Brand Equity Scale [J]. Journal of Business Research, 2001, 52 (1): 1 – 14.

[92] YOO B, DONTHU N, LEE S. An Examination of Selected Marketing Mix Elements and Brand Equity [J]. Journal of the Academy of Marketing Science, 2000, 28 (2): 195 – 211.

[93] ZEITHAML V A. Consumer Perceptions of Price, Quality, and Value: A Means-end Model and Synthesis of Evidence [J]. The Journal of Marketing, 1988, 52 (3): 2 – 22.

[94] ZHAO Y, DENG S, ZHOU R. Understanding Mobile Library Apps Continuance Usage in China: A Theoretical Framework and Empirical Study [J]. Libri, 2015, 65 (3): 161 – 173.

问卷一：社交媒体感知价值调查问卷

尊敬的先生/女士：

  社交媒体（如QQ、微信、微博、脸书、推特等）已经深入到我们的工作、学习和生活中，我们对这些社交媒体品牌的感知和认知随着其功能模块及应用的完善正在悄然发生着变化。本次调查希望了解您在使用社交媒体时的一些具体的感受，调研结果仅供学术探讨。

  本次调研严格按照要求进行，本研究中所涉及的个人信息我们将予以严格保密。同时，衷心感谢您的支持和协助！

  相关概念说明：

  社交媒体：是指让人与人在互联网上能够通过终端设备进行信息交流分享的网络平台。

  以下是一些比较著名的社交媒体品牌：

  QQ、微信、新浪微博、腾讯微博、脸书、推特、领英、网易泡泡、陌陌、新浪博客等。

一、品牌选择调查

请选择您熟悉的社交媒体品牌：_____ ［多选题］［必答题］

☐ QQ
☐ 微信
☐ 新浪微博
☐ 腾讯微博
☐ 脸书
☐ 推特
☐ 领英
☐ 网易泡泡
☐ 陌陌
☐ 新浪博客

☐ 其他_____

二、品牌了解度调查

请根据您对自己选择的品牌的认识和了解，对下面问卷中所描述的各个问题作出回答。从 1 到 7，数值越高表示认可程度越高。

第一部分　主体问卷，请您作出评价

1. 该社交媒体能帮助我获取我所感兴趣的事物的信息。［单选题］［必答题］

非常不同意 ○1　○2　○3　○4　○5　○6　○7 非常同意

2. 该社交媒体能帮助我获取即时快捷的资讯信息（热点新闻、本地信息、生活服务资讯、健康信息等）。［单选题］［必答题］

非常不同意 ○1　○2　○3　○4　○5　○6　○7 非常同意

3. 该社交媒体能帮助我获得工作机会的信息（例如，企业招聘、个人简历投递等）。［单选题］［必答题］

非常不同意 ○1　○2　○3　○4　○5　○6　○7 非常同意

4. 该社交媒体能帮助我传递有用的信息。［单选题］［必答题］

非常不同意 ○1　○2　○3　○4　○5　○6　○7 非常同意

5. 该社交媒体能帮助我掌握新技能。［单选题］［必答题］

非常不同意 ○1　○2　○3　○4　○5　○6　○7 非常同意

6. 该社交媒体能帮助我创造新资讯（自媒体、UGC 发布等）。［单选题］［必答题］

非常不同意 ○1　○2　○3　○4　○5　○6　○7 非常同意

7. 该社交媒体能帮助我提出新观点。［单选题］［必答题］

非常不同意 ○1　○2　○3　○4　○5　○6　○7 非常同意

8. 该社交媒体让我和家人之间的联系增加了。［单选题］［必答题］

非常不同意 ○1　○2　○3　○4　○5　○6　○7 非常同意

9. 该社交媒体让我和朋友之间的联系增加了。［单选题］［必答题］

非常不同意 ○1　○2　○3　○4　○5　○6　○7 非常同意

10. 该社交媒体让我和同事之间的联系增加了。［单选题］［必答题］

非常不同意 ○1　○2　○3　○4　○5　○6　○7 非常同意

11. 该社交媒体让我有兴趣同陌生人进行互动。［单选题］［必答题］

　　非常不同意 ○1　○2　○3　○4　○5　○6　○7 非常同意

12. 该社交媒体能让我同有相同价值观的人联系。［单选题］［必答题］

　　非常不同意 ○1　○2　○3　○4　○5　○6　○7 非常同意

13. 该社交媒体能分享或提供有趣的休闲娱乐话题。［单选题］［必答题］

　　非常不同意 ○1　○2　○3　○4　○5　○6　○7 非常同意

14. 该社交媒体能分享或提供我的偶像的动态（信息）。［单选题］［必答题］

　　非常不同意 ○1　○2　○3　○4　○5　○6　○7 非常同意

15. 该社交媒体能分享或提供有趣的音乐及视频。［单选题］［必答题］

　　非常不同意 ○1　○2　○3　○4　○5　○6　○7 非常同意

16. 该社交媒体能让我在无聊的时候打发时间。［单选题］［必答题］

　　非常不同意 ○1　○2　○3　○4　○5　○6　○7 非常同意

17. 使用该社交媒体是因为我没有更好的事情要做。［单选题］［必答题］

　　非常不同意 ○1　○2　○3　○4　○5　○6　○7 非常同意

18. 该社交媒体能提供丰富的生活应用（例如，支付、充值、购物、理财等应用）。［单选题］［必答题］

　　非常不同意 ○1　○2　○3　○4　○5　○6　○7 非常同意

19. 该社交媒体让我感觉到心情愉悦。［单选题］［必答题］

　　非常不同意 ○1　○2　○3　○4　○5　○6　○7 非常同意

20. 该社交媒体让我能够释放压力和情绪。［单选题］［必答题］

　　非常不同意 ○1　○2　○3　○4　○5　○6　○7 非常同意

21. 该社交媒体让我看起来很酷。［单选题］［必答题］

　　非常不同意 ○1　○2　○3　○4　○5　○6　○7 非常同意

22．使用该社交媒体是因为我感到有压力要这样做。［单选题］［必答题］

非常不同意 ○1　○2　○3　○4　○5　○6　○7 非常同意

23．使用该社交媒体能给别人留下深刻印象。［单选题］［必答题］

非常不同意 ○1　○2　○3　○4　○5　○6　○7 非常同意

24．使用该社交媒体能让我得到他人认可。［单选题］［必答题］

非常不同意 ○1　○2　○3　○4　○5　○6　○7 非常同意

25．使用该社交媒体能让我或我的观点被重视和肯定。［单选题］［必答题］

非常不同意 ○1　○2　○3　○4　○5　○6　○7 非常同意

第二部分　个人信息

1．您的性别［单选题］［必答题］

○男

○女

2．您的年龄［单选题］［必答题］

○20 岁及以下

○21～30 岁

○31～40 岁

○40 岁以上

3．您的婚姻状况［单选题］［必答题］

○已婚

○未婚

4．您的学历［单选题］［必答题］

○高中及以下

○大专

○本科

○硕士

○博士

5. 您的职业［单选题］［必答题］
○学生
○公务员及事业单位人员
○企业人员
○其他
6. 您的月收入［单选题］［必答题］
○2000 元及以下
○2001～3000 元
○3001～4000 元
○4001～5000 元
○5000 元以上
感谢您的参与！

问卷二：社交媒体感知价值对品牌资产的作用机制研究调查问卷

尊敬的先生/女士：

　　社交媒体（如 QQ、微信、微博、脸书、推特等）已经深入到我们的工作、学习和生活中，我们对这些社交媒体品牌的感知和认知随着其功能模块及应用的完善正在悄然发生着变化。本次调查希望了解您在使用社交媒体时的一些具体的感受，调研结果仅供学术探讨。

　　本次调研严格按照要求进行，对于本研究中所涉及的个人信息我们将予以严格保密。同时，衷心感谢您的支持和协助！

　　相关概念说明：

　　社交媒体：是指让人与人在互联网上能够通过终端设备进行信息交流分享的网络平台。

　　以下是一些比较著名的社交媒体品牌：

　　QQ、微信、新浪微博、腾讯微博、脸书、推特、领英、网易泡泡、陌陌、新浪博客等。

一、品牌选择调查

请选择您熟悉的社交媒体品牌：_____ ［多选题］［必答题］

☐ QQ
☐ 微信
☐ 新浪微博
☐ 腾讯微博
☐ 脸书
☐ 推特
☐ 领英
☐ 网易泡泡
☐ 陌陌

☐ 新浪博客
☐ 其他＿＿＿＿＿＿＿＿

二、品牌了解度调查

请根据您对自己选择的品牌的认识和了解，对下面问卷中所描述的各个问题作出回答。从 1 到 7，数值越高表示认可程度越高。

第一部分　主体问卷，请您作出评价

1．该社交媒体能分享或提供有趣的音乐及视频。［单选题］［必答题］
非常不同意 ○1　○2　○3　○4　○5　○6　○7 非常同意

2．该社交媒体能分享或提供有趣的休闲娱乐话题。［单选题］［必答题］
非常不同意 ○1　○2　○3　○4　○5　○6　○7 非常同意

3．该社交媒体能让我在无聊的时候打发时间。［单选题］［必答题］
非常不同意 ○1　○2　○3　○4　○5　○6　○7 非常同意

4．该社交媒体能分享或提供我的偶像的动态（信息）。［单选题］［必答题］
非常不同意 ○1　○2　○3　○4　○5　○6　○7 非常同意

5．该社交媒体让我感觉到心情愉悦。［单选题］［必答题］
非常不同意 ○1　○2　○3　○4　○5　○6　○7 非常同意

6．使用该社交媒体能让我得到他人认可。［单选题］［必答题］
非常不同意 ○1　○2　○3　○4　○5　○6　○7 非常同意

7．使用该社交媒体能让我或我的观点被重视和肯定。［单选题］［必答题］
非常不同意 ○1　○2　○3　○4　○5　○6　○7 非常同意

8．使用该社交媒体能给别人留下深刻印象。［单选题］［必答题］
非常不同意 ○1　○2　○3　○4　○5　○6　○7 非常同意

9．该社交媒体让我看起来很酷。［单选题］［必答题］
非常不同意 ○1　○2　○3　○4　○5　○6　○7 非常同意

10．该社交媒体让我和同事之间的联系增加了。［单选题］［必

答题］

非常不同意 ○1　○2　○3　○4　○5　○6　○7 非常同意

11. 该社交媒体让我和家人之间的联系增加了。［单选题］［必答题］

非常不同意 ○1　○2　○3　○4　○5　○6　○7 非常同意

12. 该社交媒体让我和朋友之间的联系增加了。［单选题］［必答题］

非常不同意 ○1　○2　○3　○4　○5　○6　○7 非常同意

13. 该社交媒体能帮助我获取我所感兴趣的事物的信息。［单选题］［必答题］

非常不同意 ○1　○2　○3　○4　○5　○6　○7 非常同意

14. 该社交媒体能帮助我获取即时快捷的资讯信息（热点新闻、本地信息、生活服务资讯、健康信息等）。［单选题］［必答题］

非常不同意 ○1　○2　○3　○4　○5　○6　○7 非常同意

15. 该社交媒体能帮助我创造新资讯（自媒体、UGC 发布等）。［单选题］［必答题］

非常不同意 ○1　○2　○3　○4　○5　○6　○7 非常同意

16. 我是该社交媒体的忠实用户。［单选题］［必答题］

非常不同意 ○1　○2　○3　○4　○5　○6　○7 非常同意

17. 该社交媒体是我的首选。［单选题］［必答题］

非常不同意 ○1　○2　○3　○4　○5　○6　○7 非常同意

18. 我经常使用该社交媒体。［单选题］［必答题］

非常不同意 ○1　○2　○3　○4　○5　○6　○7 非常同意

19. 比起其他品牌，我更喜欢该社交媒体。［单选题］［必答题］

非常不同意 ○1　○2　○3　○4　○5　○6　○7 非常同意

第二部分　个人信息

1. 您的性别［单选题］［必答题］

○男

○女

2. 您的年龄 [单选题] [必答题]
○20 岁及以下
○21～30 岁
○31～40 岁
○40 岁以上

3. 您的婚姻状况 [单选题] [必答题]
○已婚
○未婚

4. 您的学历 [单选题] [必答题]
○高中及以下
○大专
○本科
○硕士
○博士

5. 您的职业 [单选题] [必答题]
○学生
○公务员及事业单位人员
○企业人员
○其他

6. 您的月收入 [单选题] [必答题]
○2000 元及以下
○2001～3000 元
○3001～4000 元
○4001～5000 元
○5000 元以上

感谢您的参与！

问卷三：社交媒体感知价值对品牌关系的作用机制研究调查问卷

尊敬的先生/女士：

　　社交媒体（如QQ、微信、微博、脸书、推特等）已经深入到我们的工作、学习和生活中，我们对这些社交媒体品牌的感知和认知随着其功能模块及应用的完善正在悄然发生着变化。本次调查希望了解您在使用社交媒体时的一些具体的感受，调研结果仅供学术探讨。

　　本次调研严格按照要求进行，对于本研究中所涉及的个人信息，我们将予以严格保密。同时，衷心感谢您的支持与协助！

　　相关概念说明：

　　社交媒体：是指让人与人在互联网上能够通过终端设备进行信息交流分享的网络平台。

　　以下是一些比较著名的社交媒体品牌：

　　QQ、微信、新浪微博、腾讯微博、脸书、推特、领英、网易泡泡、陌陌、新浪博客等。

一、品牌选择调查

请选择您熟悉的社交媒体品牌：_____ ［多选题］［必答题］

☐ QQ
☐ 微信
☐ 新浪微博
☐ 腾讯微博
☐ 脸书
☐ 推特
☐ 领英
☐ 网易泡泡
☐ 陌陌

□ 新浪博客
□ 其他_____

二、品牌了解度调查

请根据您对自己选择的品牌的认识和了解,对下面问卷中所描述的各个问题的感受作出回答。从 1 到 7,数值越高表示认可程度越高。

第一部分　主体问卷,请您作出评价

1. 该社交媒体能帮助我获取我所感兴趣的事物的信息。[单选题][必答题]

非常不同意 ○1　○2　○3　○4　○5　○6　○7 非常同意

2. 该社交媒体能帮助我获取即时快捷的资讯信息(热点新闻、本地信息、生活服务资讯、健康信息等)。[单选题][必答题]

非常不同意 ○1　○2　○3　○4　○5　○6　○7 非常同意

3. 该社交媒体能帮助我创造新资讯(自媒体、UGC 发布等)。[单选题][必答题]

非常不同意 ○1　○2　○3　○4　○5　○6　○7 非常同意

4. 该社交媒体让我和同事之间的联系增加了。[单选题][必答题]

非常不同意 ○1　○2　○3　○4　○5　○6　○7 非常同意

5. 该社交媒体让我和家人之间的联系增加了。[单选题][必答题]

非常不同意 ○1　○2　○3　○4　○5　○6　○7 非常同意

6. 该社交媒体让我和朋友之间的联系增加了。[单选题][必答题]

非常不同意 ○1　○2　○3　○4　○5　○6　○7 非常同意

7. 该社交媒体能分享或提供有趣的音乐及视频。[单选题][必答题]

非常不同意 ○1　○2　○3　○4　○5　○6　○7 非常同意

8. 该社交媒体能分享或提供有趣的休闲娱乐话题。[单选题][必答题]

非常不同意 ○1　○2　○3　○4　○5　○6　○7 非常同意

9. 该社交媒体能让我在无聊的时候打发时间。[单选题][必答题]

非常不同意 ○1　○2　○3　○4　○5　○6　○7 非常同意

10. 该社交媒体的使用让我感觉到被他人认可。[单选题][必答题]

非常不同意 ○1　○2　○3　○4　○5　○6　○7 非常同意

11. 该社交媒体的使用让我感觉到自己的观点被重视和肯定。[单选题][必答题]

非常不同意 ○1　○2　○3　○4　○5　○6　○7 非常同意

12. 该社交媒体让我看起来很酷。[单选题][必答题]

非常不同意 ○1　○2　○3　○4　○5　○6　○7 非常同意

13. 我信任该社交媒体。[单选题][必答题]

非常不同意 ○1　○2　○3　○4　○5　○6　○7 非常同意

14. 该社交媒体从来不会让我失望。[单选题][必答题]

非常不同意 ○1　○2　○3　○4　○5　○6　○7 非常同意

15. 我对该社交媒体很满意。[单选题][必答题]

非常不同意 ○1　○2　○3　○4　○5　○6　○7 非常同意

16. 该社交媒体是一个很好的平台。[单选题][必答题]

非常不同意 ○1　○2　○3　○4　○5　○6　○7 非常同意

第二部分　个人信息

1. 您的性别[单选题][必答题]

○男

○女

2. 您的年龄[单选题][必答题]

○20 岁及以下

○21～30 岁

○31～40 岁

○40 岁以上

3. 您的婚姻状况[单选题][必答题]

○已婚

○未婚

4. 您的学历[单选题][必答题]

○高中及以下

○大专
○本科
○硕士
○博士

5. 您的职业［单选题］［必答题］

○学生

○公务员及事业单位人员

○企业人员

○其他

6. 您的月收入［单选题］［必答题］

○2000 元及以下

○2001～3000 元

○3001～4000 元

○4001～5000 元

○5000 元以上

感谢您的参与！